HELENA

100 recettes portugaises

HELENA LOUREIRO

Helena

100 recettes portugaises
par la chef du restaurant Portus Calle

Photos : Brian Ypperciel

Les Éditions
Transcontinental

Saudades de Portugal

Les yeux pétillants de plaisirs d'enfance, Helena me tend le cahier de recettes de sa grand-mère Maria. Des recettes qu'on dirait écrites d'une main d'écolière. « Tu sais, me dit-elle, plusieurs chefs en mal de racines s'inventent une grand-mère. Moi, ma grand-mère a vraiment existé. C'est elle qui m'a appris à cuisiner. Regarde, c'est elle ! » Helena me montre une photo ancienne : une femme à la mine apparemment sévère, fière, droite comme un chêne. On devine la douceur dans ses yeux.

En lisant le cahier, j'y reconnais les plats qui font le bonheur des fidèles de son restaurant Portus Calle. Le classique caldo verde, un délice ! Et cette soupe à l'alentejana, ma préférée. Dans un bouillon au parfum de mer, du pain grillé, un œuf poché, des fines herbes. Une merveille de simplicité. Pour les palourdes gratinées au São Jorge, je ferais des bassesses. Le filet de morue noire de Zé do Pipo est rajeuni par les soins d'Helena qui le sert rose à l'arête. Contrairement à l'habitude portugaise, elle sert son carré d'agneau bien grillé mais encore rose à cœur. Comme son filet de porc aux palourdes à peine saisi que l'on tranche à la fourchette tellement il est tendre. Ah ! ces moules pica-pau au piri-piri ! Surtout, n'oubliez pas la confiture de tomate, un régal avec les fromages.

Pendant que vous dégustez tous ces plats, fermez les yeux pour entendre la mer. Peut-être apercevrez-vous la petite Helena courant pieds nus sur les galets de la plage de Nazaré. Profitez-en pour saluer sa grand-mère !

Daniel Pinard

J'ai passé de bons moments à écrire ce livre parce que j'ai pu renouer avec mes racines profondes tout en retrouvant les odeurs et les saveurs qui ont marqué mon enfance. Ne s'agit-il pas là d'une expérience que nous recherchons tous, et ce, quelles que soient nos origines ?

À travers les recettes que je vous offre dans cet ouvrage, je rends hommage à Maria, ma grand-mère maternelle bien-aimée, pour le précieux héritage qu'elle m'a légué. Grâce à elle, j'ai toujours eu envie de cuisiner les saveurs des nouveaux mondes que les Portugais, premiers pionniers de la route des épices, rapportèrent sur le Vieux Continent.

Malgré toutes ces routes parcourues et parsemées d'effluves enivrants, je continue à privilégier une cuisine qui se satisfait de peu d'ingrédients et qui sait mettre en valeur les aliments frais de saison que j'allie harmonieusement à la simplicité de la tradition portugaise.

C'est maintenant à votre tour de vous laisser enivrer par tous ces parfums en recréant mes plats qui vous invitent à voyager jusqu'à mon Portugal natal.

Helena Joaquim

Sur la terre, notre plus beau souvenir est la mer.

Mercado da Nazaré

Du bonheur à pleine cuillère

Cada boca uma sopa...

Soupe au chou frisé

Caldo verde

PRÉPARATION

Couper le chou en très fines lanières de ¼ po (5 mm) de largeur et le laver à l'eau froide.

Dans une grande casserole, porter à ébullition l'eau, les pommes de terre, l'oignon, l'ail, 5 c. à table (75 ml) d'huile d'olive et 1 pincée de sel. Laisser mijoter environ 12 minutes.

À mi-cuisson, ajouter le chouriço. Une fois qu'il est cuit, le découper en rondelles et réserver.

Passer le contenu de la casserole au mélangeur jusqu'à consistance lisse. Transvider dans la casserole, ramener à ébullition et ajouter les lanières de chou. Cuire de 2 à 3 minutes à feu doux.

Bien mélanger la soupe et ajouter le reste de l'huile d'olive. Saler, poivrer et servir dans des bols. Garnir de rondelles de chouriço.

INGRÉDIENTS

2 tasses (500 ml) de chou frisé portugais

8 tasses (2 litres) d'eau

2 ½ tasses (625 ml) de pommes de terre Yukon Gold, épluchées

1 oignon, haché grossièrement

1 gousse d'ail (facultatif)

6 c. à table (90 ml) d'huile d'olive

1 chouriço doux de 7 oz (200 g) entier

Sel et poivre du moulin

Soupe à l'alentejana

Sopa Alentejana

INGRÉDIENTS

7 oz (200 g) de morue salée, dessalée (voir Note)

4 tasses (1 litre) d'eau froide

2 gousses d'ail

3 c. à table (45 ml) de coriandre fraîche, hachée

¼ tasse (60 ml) d'huile d'olive vierge extra

4 œufs

8 croûtons de pain maison

Sel

PRÉPARATION

Dans une casserole, à feu moyen, cuire la morue dans l'eau environ 10 minutes. Réserver le poisson dans une assiette et le bouillon dans la casserole.

Dans un mortier, écraser l'ail, la coriandre, l'huile d'olive et un peu de sel.

Ramener le bouillon à ébullition à feu vif et pocher les œufs pendant 2 minutes. Retirer les œufs de la casserole et réserver le bouillon.

Mettre 2 croûtons dans chaque bol. Diviser la morue à parts égales, verser le bouillon et poser l'œuf poché au centre. Garnir de pesto de coriandre et servir.

Note : Dessaler la morue 48 heures à l'avance en la faisant tremper dans l'eau froide pendant tout ce temps (changer l'eau au moins 3 ou 4 fois par jour).

Les règles d'or de la tomate

Les tomates font tellement partie de notre quotidien qu'on en oublie parfois quelques règles toutes simples permettant de profiter au maximum de leur fraîcheur et de leur goût unique.

Il faut toujours se rappeler que les tomates n'aiment pas le froid. Ne les mettez jamais au réfrigérateur, car elles perdraient alors toute leur saveur.

Au moment de les choisir, assurez-vous qu'elles ont une peau lisse et une belle couleur soutenue. Cependant, méfiez-vous de votre odorat, car les feuilles et les tiges sont souvent plus odorantes que le fruit et peuvent vous induire en erreur, surtout dans le cas des belles tomates en grappe.

Utilisez toujours un couteau dentelé bien aiguisé. Si, malgré tous ces conseils, les tomates que vous avez achetées semblent fades, la responsabilité incombe probablement à certaines modifications génétiques qui privilégient malheureusement la longue durée de conservation au détriment de la saveur.

Comme le disait si bien ma grand-mère Maria, tous ceux qui respectent ces règles d'or peuvent prétendre être d'excellents cuisiniers pendant la saison des tomates.

Gaspacho à l'alentejana

Gaspacho

PRÉPARATION

Dans un mortier, écraser l'ail avec le sel jusqu'à l'obtention d'une purée.

Pendant ce temps, broyer les tomates à l'aide du robot culinaire jusqu'à consistance lisse. Couper ensuite les concombres, les poivrons, les oignons et le prosciutto en petits dés.

Dans un saladier, mélanger tous les ingrédients, sauf les croûtons, et rectifier l'assaisonnement. Laisser refroidir au réfrigérateur pendant au moins 1 heure et servir bien froid avec des croûtons de pain de maïs.

INGRÉDIENTS

2 gousses d'ail

1 c. à table (15 ml) de sel

2 lb (1 kg) de tomates mûres, pelées et mondées

14 oz (400 g) de concombres

⅔ tasse (160 ml) de poivrons verts

⅔ tasse (160 ml) de poivrons rouges

1 tasse (250 ml) d'oignons blancs

⅔ tasse (160 ml) de prosciutto

4 tasses (1 litre) d'eau froide

6 c. à table (90 ml) d'huile d'olive

2 c. à table (30 ml) d'origan frais et ciselé

5 c. à table (75 ml) de vinaigre de vin blanc

Croûtons de pain de maïs (recette page 141)

Soupe de poissons

Sopa de peixe

INGRÉDIENTS

½ lb (250 g) de poissons à chair blanche variés, coupés en cubes

2 c. à table (30 ml) d'huile d'olive

1 oignon, ciselé

3 tomates mûres, broyées

½ poivron jaune, en lanières

8 tasses (2 litres) de fumet de poisson

¼ tasse (60 ml) de riz à grain long

1 pincée de safran

Coriandre ou persil frais, haché

Quelques croûtons de pain

Sel marin

PRÉPARATION

Assaisonner les poissons avec un peu de sel marin.

Chauffer l'huile d'olive dans une poêle à feu moyen, puis faire revenir l'oignon. Ajouter les tomates et les poivrons et mouiller avec le fumet. Ajouter les poissons, le riz et le safran. Laisser mijoter environ 10 minutes.

Rectifier l'assaisonnement et ajouter la coriandre.

Servir très chaud avec des croûtons de pain.

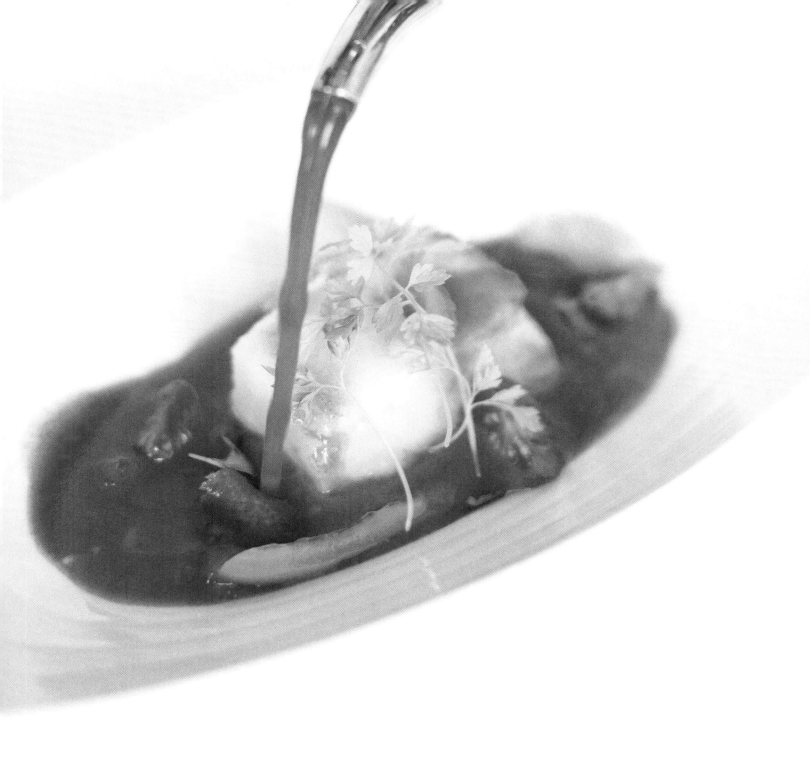

Crème de châtaignes aux pleurotes

4 portions
Préparation : 15 min
Cuisson : 30 min

Creme de castanhas com cogumelos pleurotes

INGRÉDIENTS

2 c. à table (30 ml) de beurre

½ tasse (125 ml) d'échalotes, hachées finement

2 ½ tasses (625 ml) de châtaignes en conserve

½ tasse (125 ml) de lait

1 tasse (250 ml) de crème à cuisson 35 %

4 tasses (1 litre) de bouillon de poulet

8 pleurotes, en lanières

1 gousse d'ail, en lanières

4 œufs de caille

Environ 3 c. à table (45 ml) d'huile d'olive

4 c. à thé (20 ml) de persil frais, haché

Sel et poivre

PRÉPARATION

Dans une casserole à fond épais, faire fondre le beurre à feu moyen. Faire revenir les échalotes et les châtaignes 10 minutes. Ajouter le lait, la crème et le bouillon de poulet. Assaisonner au goût. Cuire 15 minutes, puis broyer le tout à l'aide du mélangeur. Passer la crème dans une passoire fine et réserver au chaud.

Dans une poêle, faire sauter les champignons et l'ail à feu vif dans 2 c. à table (30 ml) d'huile d'olive. Dans une casserole, faire pocher les œufs environ 2 minutes.

Servir la crème dans des assiettes creuses et répartir les champignons à parts égales. Poser un œuf au centre de chaque assiette, puis ajouter un filet d'huile d'olive et 1 c. à thé (5 ml) de persil.

Soupe aux tomates et chips de chouriço

Sopa de tomate com chouriço estaladiço

4 portions
Préparation: 10 min
Cuisson: 25 min

PRÉPARATION

Dans une casserole, chauffer l'huile d'olive à feu moyen et frire les rondelles de chouriço. Égoutter sur du papier absorbant et réserver.

Dans la même casserole, faire revenir l'oignon et les tomates. Mouiller avec le bouillon de poulet et ajouter les pommes de terre. Laisser mijoter environ 10 minutes, jusqu'à ce qu'elles soient cuites.

Passer la préparation au mélangeur, la remettre dans la casserole et porter à ébullition. Ajouter le riz et le laurier et cuire à feu moyen environ 5 minutes, jusqu'à ce que le riz soit cuit. Retirer la feuille de laurier. Parsemer de coriandre et servir avec les chips de chouriço et des croûtons de pain.

INGRÉDIENTS

2 c. à table (30 ml) d'huile d'olive

⅔ tasse (160 ml) de chouriço, coupé en rondelles très fines

1 gros oignon, coupé en demi-lunes

2 lb (1 kg) de tomates, mondées et coupées en quartiers

6 tasses (1,5 litre) de bouillon de poulet

2 grosses pommes de terre Yukon Gold, épluchées et coupées en rondelles

2 c. à table (30 ml) de riz blanc

1 feuille de laurier

1 c. à table (15 ml) de coriandre fraîche, hachée

Quelques croûtons de pain

La recommandation du sommelier
Portal PORTUS CALLE 2010
Douro | Disponible au Portus Calle

L'harmonie du chaud et du froid

Quentes ou frias são sempre bem-vindas

Portobellos gratinés à la menthe

Cogumelos Portobellos gratinados com hortelã

4 portions
Préparation : 15 min
Cuisson : 15 min

INGRÉDIENTS

5 c. à table (75 ml) d'huile d'olive

2 lb (1 kg) de champignons portobellos, en quartiers

5 gousses d'ail, hachées

½ tasse (125 ml) de tomates séchées entières

2 brins de romarin

2 c. à table (30 ml) de vinaigre balsamique

¼ tasse (60 ml) de menthe fraîche

¾ tasse (180 ml) de courgettes

1 ⅓ tasse (330 ml) d'oignon, coupé en demi-lunes

3 ½ oz (100 g) de fromage bleu (ex. : stilton, gorgonzola, etc.)

Fleur de sel

PRÉPARATION

Dans une poêle, chauffer 3 c. à table (45 ml) d'huile d'olive à feu vif. Faire sauter les champignons avec 3 gousses d'ail, les tomates séchées et le romarin. Assaisonner avec la fleur de sel et déglacer avec le vinaigre balsamique. Réserver.

Faire tremper la menthe dans l'eau bouillante pendant 1 minute à peine, puis la faire refroidir dans un bol rempli de glaçons afin qu'elle conserve sa couleur et sa saveur.

Dans une poêle, à feu doux, chauffer 2 c. à table (30 ml) d'huile d'olive. Faire revenir les courgettes, l'oignon et le reste de l'ail. Passer le tout au robot culinaire avec la menthe.

Préchauffer le four à *broil*. Verser la sauce au fond d'un plat de cuisson. Ajouter les champignons, parsemer de fromage et gratiner 5 minutes.

Carpaccio de figues

Carpaccio de figos

PRÉPARATION

Équeuter les figues et les couper en tranches de ¼ po (5 mm) d'épaisseur.

Disposer les tranches dans une assiette et mettre une noisette de fromage frais sur chacune. Décorer avec une feuille de basilic et terminer par un trait de miel.

INGRÉDIENTS

6 figues fraîches

3 ½ oz (100 g) de fromage frais (recette page 135)

4 feuilles de basilic ou de menthe entières

2 c. à thé (10 ml) de miel

La recommandation du sommelier
Ferreira White Porto
SAQ 571604

Moules pica-pau

Mexilhão Pica-Pau

INGRÉDIENTS

3 c. à table (45 ml) d'huile d'olive

2 oignons, coupés en demi-lunes

2 gousses d'ail, hachées

2 poivrons rouges, en lanières

1 feuille de laurier

3 tomates mûres, concassées

1 bouteille de bière blonde de 12 oz (330 ml)

Quelques gouttes de piri-piri, au goût
 (recette page 130)

2 lb (1 kg) de moules cultivées, bien nettoyées

8 crevettes, décortiquées et déveinées

8 tranches de chouriço

2 c. à table (30 ml) de persil frais, ciselé

PRÉPARATION

Dans une poêle, chauffer l'huile d'olive à feu moyen. Faire revenir les oignons, l'ail, les poivrons et le laurier. Dès que les oignons commencent à blondir, ajouter les tomates.

Déglacer avec la bière et assaisonner de piri-piri au goût. Porter à ébullition et ajouter les moules, les crevettes et le chouriço. Cuire environ 5 minutes, jusqu'à ce que toutes les moules soient ouvertes (jeter celles qui restent fermées). Persiller et servir.

La recommandation du sommelier
Portal PORTUS CALLE 2008
Douro | Disponible au Portus Calle

Gâteau de crabe des neiges

Bolinhos de sapateira

4 portions
Préparation : 10 min
Cuisson : 3 min

PRÉPARATION

À l'aide du mélangeur, mixer le jaune d'œuf, la moutarde de Dijon, le piri-piri et le sel. Faire monter la mayonnaise en ajoutant graduellement l'huile d'olive en un mince filet.

Préchauffer le four à 350°F (180°C).

Verser la mayonnaise dans un bol. Ajouter le zeste de citron, le persil et la ciboulette. Mélanger le crabe très délicatement avec la mayonnaise pour obtenir des rillettes. Tiédir au four environ 3 minutes et servir sur des croûtons de pain de maïs.

INGRÉDIENTS

1 jaune d'œuf à température ambiante

1 c. à thé (5 ml) de moutarde de Dijon à température ambiante

Quelques gouttes de piri-piri, au goût (recette page 130)

Sel marin, au goût

¾ tasse (180 ml) d'huile d'olive vierge à température ambiante

Le zeste d'un citron, bien lavé

¾ tasse (180 ml) de persil frais, haché

¾ tasse (180 ml) de ciboulette fraîche, émincée

1 lb (500 g) de chair de crabe des neiges

Croûtons de pain de maïs (recette page 141)

La recommandation du sommelier
Mateus Rosé Sparkling Bruto

Calmars farcis

Lulas recheadas

4 portions
Préparation: 15 min
Cuisson: 1 h

INGRÉDIENTS

1 morceau d'épaule de porc de 5 oz (150 g)

3 c. à table (45 ml) d'huile d'olive vierge extra

⅔ tasse (160 ml) d'oignon, ciselé

4 gousses d'ail, coupées finement

1 tasse (250 ml) de vin blanc

½ tasse (125 ml) de bouillon de poulet

½ tasse (125 ml) de tomates, en dés

4 c. à table (60 ml) de persil frais, haché

2 feuilles de laurier fraîches

Quelques gouttes de piri-piri, au goût (recette page 130)

⅔ tasse (160 ml) de chouriço, coupé en brunoise

⅔ tasse (160 ml) de prosciutto, coupé en brunoise

3 ½ lb (1,5 kg) de petits calmars, nettoyés

Fleur de sel

PRÉPARATION

Débarrasser l'épaule de porc de son gras avant de la couper en cubes. Dans un poêlon, chauffer l'huile d'olive à feu vif et colorer la viande sur toutes les faces. Réserver.

Dans la même poêle, faire revenir l'oignon et l'ail. Déglacer avec le vin blanc et ajouter le bouillon de poulet, les tomates, le persil et le laurier.

Préchauffer le four à 350°F (180°C).

Dans un plat de cuisson, mélanger les cubes de porc avec la moitié de la sauce. Assaisonner au goût de fleur de sel et de piri-piri. Cuire au four environ 40 minutes, jusqu'à ce que la viande s'effiloche à l'aide d'une fourchette. Laisser refroidir 5 minutes à température ambiante. Effilocher la viande et réserver la sauce.

Mélanger le chouriço et le prosciutto avec le reste de la sauce. Incorporer le porc effiloché et laisser mijoter 10 minutes à feu doux.

Farcir les calmars avec la préparation à la viande à l'aide d'une cuillère à café. Dans un poêlon, à feu doux, cuire les calmars environ 10 minutes dans la sauce réservée, jusqu'à ce qu'ils soient tendres.

La recommandation du sommelier
Herdade do Peso VINHA DO MONTE 2009
Alentejano | SAQ 501486

Calmars frits

Lulas fritas

PRÉPARATION

Assaisonner les calmars de sel, de poivre et de jus de citron.

Remplir le tiers d'une sauteuse d'huile végétale et chauffer à 350°F (180°C).

Fariner les calmars et les plonger dans l'huile pendant quelques minutes, jusqu'à ce qu'ils soient dorés et croustillants. Servir les calmars chauds avec les quartiers de citron et l'aïoli. Délicieux avec du riz à l'encre de seiche (recette page 145).

INGRÉDIENTS

2 lb (1 kg) de calmars, bien nettoyés et coupés en rondelles

Le jus de 1 citron

Environ ⅓ tasse (80 ml) de farine (facultatif)

1 citron, en quartiers

Aïoli (recette page 132)

Huile végétale (pour la friture)

Sel et poivre du moulin

La recommandation du sommelier
Portal PORTUS CALLE 2010
Douro | Disponible au Portus Calle

Sauté de calmars aux chanterelles

4 portions
Préparation : 15 min
Cuisson : 10 min

Lulas salteadas com cogumelos Chanterelles

INGRÉDIENTS

3 ½ lb (1,5 kg) de petits calmars, nettoyés

⅔ tasse (160 ml) d'huile d'olive vierge extra

1 feuille de laurier fraîche

4 gousses d'ail, coupées finement

3 ½ oz (100 g) de chanterelles entières

Quelques gouttes de piri-piri, au goût (recette page 130)

4 c. à table (60 ml) de persil frais, haché

Le jus de 1 citron

4 tomates cerises

Fleur de sel, au goût

PRÉPARATION

Éponger minutieusement les tentacules et les anneaux des calmars avec un linge propre.

Dans un poêlon, chauffer l'huile d'olive à feu vif avec le laurier. Faire dorer les calmars 2 minutes de chaque côté, puis ajouter l'ail et les champignons. Cuire de 2 à 3 minutes. Assaisonner au goût de fleur de sel et de piri-piri. Vers la fin de la cuisson, ajouter le persil et parfumer avec le jus de citron. Servir avec les tomates cerises.

Pétoncles poêlés au porto

Vieiras salteadas com molho ao porto

4 portions
Préparation : 20 min
Cuisson : 15 min

PRÉPARATION

Dans une casserole, à feu doux, faire fondre le beurre avec les pommes et le curcuma. Cuire environ 5 minutes en remuant souvent. Déglacer avec le porto et laisser réduire de moitié. Ajouter la crème, rectifier l'assaisonnement et incorporer la coriandre hachée. Laisser mijoter à feu très doux environ 2 minutes pour obtenir une belle crème.

Dans une poêle à surface antiadhésive, chauffer l'huile d'olive à feu moyen-vif. Saler et poivrer les pétoncles au goût et les déposer un à un dans la poêle. Cuire environ 2 minutes de chaque côté pour obtenir une belle coloration. Poser les pétoncles sur la crème et parsemer de coriandre ciselée.

INGRÉDIENTS

¼ tasse (60 ml) de beurre

1 ¼ tasse (310 ml) de pommes Granny Smith, en julienne

2 c. à table (30 ml) de curcuma

¾ tasse (180 ml) de porto blanc sec

¾ tasse (180 ml) de crème à cuisson 35 %

3 c. à table (45 ml) de coriandre fraîche, hachée

2 c. à table (30 ml) d'huile d'olive

12 gros pétoncles

Fleur de sel et poivre du moulin

Coriandre fraîche, ciselée

La recommandation du sommelier
Mateus Rosé Sparkling Bruto

Palourdes gratinées au São Jorge

Ameijoas gratinadas com São Jorge

4 portions
Préparation : 10 min
Cuisson : 10 min

INGRÉDIENTS

6 c. à table (90 ml) d'huile d'olive

12 palourdes, bien nettoyées

¼ tasse (60 ml) de vin blanc

1 petit oignon, ciselé

1 gousse d'ail, hachée

3 tomates italiennes, mondées et coupées en petits dés

⅓ tasse (80 ml) de chouriço, coupé en dés

1 c. à thé (5 ml) de sel

½ tasse (125 ml) de fromage São Jorge, râpé

2 c. à table (30 ml) de persil frais, haché finement

PRÉPARATION

Dans une casserole, chauffer 4 c. à table (60 ml) d'huile d'olive à feu vif. Ajouter les palourdes et le vin blanc. Couvrir et cuire environ 5 minutes, jusqu'à ce que toutes les palourdes soient ouvertes (jeter celles qui restent fermées). Retirer les palourdes et réserver le jus de cuisson.

À l'aide d'une petite cuillère, détacher la chair des palourdes de la coquille et réserver séparément.

Dans un poêlon, faire revenir l'oignon et l'ail dans le reste de l'huile d'olive et déglacer avec le jus de cuisson réservé. Ajouter les tomates, le chouriço, les palourdes coupées en morceaux et le sel.

Préchauffer le four à *broil*. Mettre les coquilles des palourdes sur une plaque de cuisson et les remplir de sauce. Parsemer de fromage et de persil et gratiner environ 2 minutes, jusqu'à ce que le dessus soit bien doré.

Palourdes à Bulhão de Pato

Ameijoas à Bulhão de Pato 🌿

4 portions

Préparation : 10 min

Cuisson : 8 min

PRÉPARATION

Dans une poêle, chauffer l'huile d'olive à feu moyen et faire dorer l'ail légèrement. Ajouter les palourdes et la coriandre. Incorporer la moutarde et assaisonner au goût avec le sel et le piri-piri.

Couvrir et cuire à feu doux en mélangeant de temps à autre. Dès que toutes les palourdes sont ouvertes, ajouter le jus de citron. Servir immédiatement avec les quartiers de citron.

Note : Avant de commencer la recette, il est important de faire tremper les palourdes dans l'eau salée pendant 2 heures. Changer l'eau régulièrement afin d'éliminer le sable qu'elles pourraient contenir.

INGRÉDIENTS

2 lb (1 kg) de palourdes (voir Note)

2 c. à table (30 ml) d'huile d'olive vierge extra

2 gousses d'ail, coupées finement

3 c. à table (45 ml) de coriandre fraîche, hachée

1 c. à thé (5 ml) de moutarde de Dijon

Quelques gouttes de piri-piri, au goût (recette page 130)

Le jus de ½ citron

½ citron, en quartiers

Sel

La recommandation du sommelier
Ferreira White Porto
SAQ 571604

Sardines entières grillées

Sardinhas enteiras grelhadas

4 portions
Préparation : 10 min
Cuisson : 10 min

INGRÉDIENTS

16 sardines entières (environ 4 par personne selon la grosseur des sardines ou de l'appétit)

Sel marin

6 c. à table (90 ml) d'huile d'olive

PRÉPARATION

Recouvrir entièrement les sardines de sel et laisser reposer de 1 à 2 heures au réfrigérateur.

Allumer le barbecue, de préférence au charbon de bois, et s'assurer que la grille est très chaude. Secouer doucement les sardines pour les débarrasser de l'excédent de sel avant de les mettre sur la grille. Cuire environ 10 minutes en les retournant de temps à autre pour les empêcher de brûler.

Arroser les sardines avec l'huile d'olive et servir avec des pommes de terre bouillies en robe des champs, une salade de tomates multicolore (recette page 65) et des poivrons grillés (recette page 64).

La recommandation du sommelier
VILA REGIA 2009
Douro | SAQ 464388

Filets de sardine grillés

Filetes de sardinhas com Broa

INGRÉDIENTS

8 sardines, coupées en filets

¼ tasse (60 ml) d'huile d'olive

1 poivron rouge, grillé et coupé en lanières (recette page 64)

Tapenade d'olives noires (recette page 142)

8 croûtons de pain de maïs (recette page 141)

Sel marin

Sauce persillée

7 c. à table (105 ml) d'huile d'olive vierge extra

2 c. à table (30 ml) de vinaigre de framboise

4 c. à table (60 ml) d'oignons rouges, hachés finement

½ tasse (125 ml) de persil frais, haché

2 c. à table (30 ml) de câpres

1 gousse d'ail, hachée finement

PRÉPARATION

Une heure avant de faire griller les filets de sardine, les mettre dans une assiette et les couvrir de sel marin. Réserver au réfrigérateur.

Préparer la sauce persillée en mélangeant dans un bol tous les ingrédients qui la composent.

Badigeonner les filets de sardine avec l'huile d'olive et les faire griller sur la grille du barbecue bien chaude 4 minutes de chaque côté. (On peut aussi les cuire sur la cuisinière, dans un poêlon posé à feu moyen, de 3 à 4 minutes de chaque côté.)

Dans un bol, bien mélanger les poivrons, la tapenade et la sauce persillée.

Servir les filets de sardine sur les croûtons de pain de maïs et garnir avec la salade.

Carpaccio de morue

Espinheta de Bacalhau

PRÉPARATION

Couper la morue en fines lanières. Déposer dans une assiette, puis arroser avec 3 c. à table (45 ml) d'huile d'olive et quelques gouttes de vinaigre de grenade. Saler et poivrer au goût.

Mélanger la roquette avec le reste de l'huile d'olive et du vinaigre. Déposer la salade sur les lanières de morue et décorer avec les copeaux de fromage.

INGRÉDIENTS

10 oz (300 g) de morue salée, dessalée (voir Note page 12)

⅔ tasse (160 ml) d'huile d'olive

1 c. à table (15 ml) de vinaigre de grenade

1 petit bouquet de roquette

½ tasse (125 ml) de fromage São Jorge, en copeaux

Sel et poivre du moulin

Beignets de morue

Pataniscas de Bacalhau

PRÉPARATION

Dans une casserole, couvrir la morue d'eau froide et cuire 5 minutes à feu doux. Égoutter, retirer la peau et les arêtes, puis effilocher la chair.

Dans un bol, mélanger les oignons, le persil, les œufs et la farine jusqu'à l'obtention d'une pâte homogène. Ajouter le poisson. Saler et poivrer en usant du sel avec parcimonie.

Dans une friteuse, chauffer l'huile à 350°F (180°C). Faire des beignets en jetant la pâte dans l'huile au fur et à mesure à l'aide d'une cuillère à soupe. Frire de 5 à 6 minutes, jusqu'à ce que les beignets soient bien dorés. Servir avec un aïoli bien relevé (recette page 132).

INGRÉDIENTS

5 pavés de morue salée, dessalée (voir Note page 12)

2 oignons, ciselés

½ botte de persil, ciselée

10 œufs

3 tasses (750 ml) de farine tout usage

Huile végétale (pour la friture)

Sel et poivre

Croquettes de morue

Pasteis de Bacalhau

Environ 32 croquettes
Préparation : 30 min
Cuisson : 15 min

INGRÉDIENTS

2 tasses (500 ml) d'eau

½ lb (250 g) de morue séchée salée, dessalée (voir Note)

4 grains de poivre entiers

1 feuille de laurier

2 oignons (1 en tranches et 1 ciselé)

1 ½ tasse (375 ml) de pommes de terre Yukon Gold, cuites, écrasées et refroidies

3 œufs

1 c. à table (15 ml) de persil frais, haché finement

Poivre du moulin

Huile végétale (pour la friture)

PRÉPARATION

Dans une casserole, porter à ébullition l'eau, la morue, les grains de poivre, le laurier et l'oignon en tranches. Baisser le feu et laisser mijoter 5 minutes. Retirer du feu, couvrir et laisser refroidir à température ambiante.

Égoutter la morue. Dans un grand bol, l'émietter à la fourchette en prenant soin d'enlever les arêtes et la peau. Ajouter les pommes de terre, les œufs, l'oignon ciselé et le persil. Rectifier l'assaisonnement.

Dans une friteuse, chauffer de l'huile végétale à 375°F (190°C). Former des boules de 1 ½ po (4 cm) de diamètre avec la préparation. Frire environ 4 minutes, jusqu'à ce que les croquettes soient dorées. Égoutter sur du papier absorbant et servir immédiatement.

Note : Dessaler la morue 48 heures à l'avance en la faisant tremper dans l'eau froide pendant tout ce temps (changer l'eau au moins 3 ou 4 fois par jour).

La recommandation du sommelier
Casa Ferreirinha VINHA GRANDE 2008
Douro | SAQ 865329

Tartare de lotte aux agrumes

Tartaro de tamboril com citrinos

4 portions
Préparation : 10 min
Cuisson : aucune

PRÉPARATION

Au-dessus d'un grand bol, à l'aide d'un couteau bien affûté, peler l'orange et la clémentine à vif et couper la pulpe en petits morceaux. Ajouter tous les autres ingrédients et bien mélanger. Servir dans des verrines. Décorer avec des fraises et des pommes en petits morceaux.

INGRÉDIENTS

½ orange

½ clémentine

5 oz (150 g) de lotte, taillée en petits dés

1 c. à table (15 ml) de jus de citron

1 c. à table (15 ml) de coriandre fraîche, ciselée

1 brin de ciboulette, haché

1 c. à thé (5 ml) de sel marin

2 c. à table (30 ml) d'huile d'olive

Fraises et pommes Granny Smith, en petits morceaux (pour décorer)

La recommandation du sommelier
Portal PORTUS CALLE 2010
Douro | Disponible au Portus Calle

Escabèche d'épinoches

Carapaus de escabèche

4 portions
Préparation : 5 min
Cuisson : 8 min

INGRÉDIENTS

2 lb (1 kg) d'épinoches

1 c. à table (15 ml) de jus de citron

3 c. à table (45 ml) de farine

1 tasse (250 ml) d'huile d'olive

3 oignons, coupés en demi-lunes

1 gousse d'ail, hachée

1 c. à table (15 ml) de persil frais, haché

1 feuille de laurier

1 c. à table (15 ml) de vinaigre

Sel marin

PRÉPARATION

Vider et nettoyer les poissons. Assaisonner au goût avec le sel et le jus de citron.

Éponger les poissons, les fariner et les frire à la poêle dans l'huile d'olive pendant 5 minutes. Une fois la cuisson terminée, les placer dans une assiette.

Dans la même huile d'olive, faire revenir les oignons, l'ail, le persil et le laurier. Ajouter le vinaigre dès que les oignons sont dorés. Verser sur les poissons et servir.

La recommandation du sommelier
VILA REGIA 2009
Douro | SAQ 464388

Boulettes de poulet et de chouriço

Almôndegas de galinha e chouriço

4 portions
Préparation : 50 min
Cuisson : 15 min

INGRÉDIENTS

¼ tasse (60 ml) de lait

2 tranches de pain, émiettées

2 c. à table (30 ml) d'huile d'olive vierge extra

1 gros oignon, haché finement

2 gousses d'ail, hachées finement

2 ½ tasses (625 ml) de blanc de poulet, haché

⅔ tasse (160 ml) de chouriço, haché

1 œuf

3 c. à table (45 ml) de persil frais, ciselé

Quelques gouttes de piri-piri, au goût
  (recette page 130)

1 tasse (250 ml) de farine de blé

3 c. à table (45 ml) de paprika fumé

Sel et poivre

Huile d'olive (pour la friture)

PRÉPARATION

Verser le lait dans un bol et faire tremper le pain.

Dans une poêle, chauffer l'huile d'olive vierge à feu doux et faire revenir l'oignon et l'ail 5 minutes sans les colorer.

Presser le pain avec les mains pour bien l'égoutter.

Dans un saladier, mettre l'oignon et l'ail, le pain, le poulet, le chouriço, l'œuf et le persil. Assaisonner au goût avec le sel, le poivre et le piri-piri. Mélanger longuement jusqu'à ce que la préparation soit homogène. Couvrir d'une pellicule plastique et réserver 30 minutes au réfrigérateur.

Dans un plat creux, mélanger la farine et le paprika. Façonner des boulettes de la taille d'une noix avec la préparation au poulet, puis les rouler dans la farine.

Dans une friteuse, chauffer de l'huile d'olive à 350°F (180°C). Frire les boulettes, quelques-unes à la fois, environ 5 minutes, jusqu'à ce qu'elles soient croustillantes. Égoutter et réserver sur du papier absorbant. Piquer un cure-dent dans chaque boulette et servir tiède.

La recommandation du sommelier
Herdade do Peso COLHEITA 2008
Alentejo | SAQ 10660740

Foie de veau au vinaigre de porto

Iscas de figado de vitela

PRÉPARATION

Dans un plat en verre, mélanger la moitié de l'ail, le vinaigre, le vin blanc, le sel et le poivre. Laisser mariner les médaillons de foie de veau pendant au moins 2 heures.

Égoutter les médaillons et réserver la marinade. Dans un poêlon, chauffer l'huile d'olive à feu vif et saisir le foie de veau des deux côtés jusqu'à la cuisson désirée. Réserver au chaud.

Faire revenir les oignons et le reste de l'ail dans le même poêlon pour garder les sucs de cuisson. Déglacer avec la marinade, porter à ébullition et laisser réduire de moitié. Remettre le foie de veau dans le poêlon afin qu'il prenne plus de goût. Servir avec une purée de pommes de terre et des légumes du marché.

INGRÉDIENTS

2 gousses d'ail, hachées

¼ tasse (60 ml) de vinaigre de porto

¼ tasse (60 ml) de vin blanc

4 médaillons de foie de veau déveinés

¼ tasse (60 ml) d'huile d'olive

2 oignons, coupés en demi-lunes

Sel et poivre du moulin

La recommandation du sommelier
Casa Ferreirinha CALLABRIGA 2008
Douro | SAQ 10499773

Ragoût de pois chiches aux deux chouriços

Ragu de grão de bico com dois chouriços

INGRÉDIENTS

1 lb (500 g) de pois chiches (trempés dans l'eau 24 heures à l'avance)

3 oignons (2 coupés en deux et 1 haché)

5 c. à table (75 ml) d'huile d'olive

1 feuille de laurier

2 c. à table (30 ml) de persil frais, haché

1 tasse (250 ml) de chouriço, en rondelles

1 tasse (250 ml) de chouriço noir, en rondelles

3 tomates mûres, en dés

Quelques gouttes de piri-piri, au goût (recette page 130)

4 œufs

4 tranches de pain de blé

Sel et poivre

PRÉPARATION

Dans une casserole d'eau salée, à feu moyen, cuire les pois chiches, les oignons coupés en deux et 2 c. à table (30 ml) d'huile d'olive pendant 45 minutes. Réserver les pois chiches et un peu d'eau de cuisson.

Dans une poêle, à feu moyen, faire revenir l'oignon haché, le laurier et le persil dans le reste de l'huile d'olive jusqu'à coloration de l'oignon. Ajouter les chouriços et les tomates. Incorporer les pois chiches et un peu d'eau de cuisson réservée. Assaisonner au goût avec le sel, le poivre et le piri-piri. Laisser réduire quelques minutes.

Casser délicatement les œufs entiers un à un dans le ragoût. Laisser pocher environ 2 minutes et les retirer un à un sans les casser. Réserver.

Griller le pain, le répartir dans les assiettes et verser le ragoût par-dessus. Déposer un œuf poché au centre de chaque assiette et servir.

La recommandation du sommelier
Sogrape RESERVA 2008
Douro | SAQ 11325741

Carpaccio de porc et poire au porto

Carpaccio de porco et pêra ao porto

PRÉPARATION

Dans un plat en verre, mélanger 2 c. à table (30 ml) d'huile d'olive avec l'ail, le laurier et le concentré de poivron. Laisser mariner le filet de porc dans ce mélange pendant 1 heure.

Égoutter le filet de porc. Dans un poêlon, chauffer 2 c. à table (30 ml) d'huile d'olive à feu vif. Saisir la viande environ 2 minutes de chaque côté. Réserver le filet de porc au réfrigérateur environ 10 minutes et garder l'huile de cuisson à température ambiante.

Découper la viande refroidie en fines tranches et les disposer dans une grande assiette. Arroser avec l'huile de cuisson réservée et saupoudrer de fleur de sel.

Mélanger le cresson avec du sel, 1 c. à table (15 ml) d'huile d'olive et le vinaigre de vin rouge. Déposer la salade de cresson dans l'assiette de viande et décorer avec la poire au porto découpée en fines tranches.

INGRÉDIENTS

5 c. à table (75 ml) d'huile d'olive vierge extra

1 gousse d'ail, ciselée

1 feuille de laurier

2 c. à thé (10 ml) de concentré de poivron rouge portugais

1 filet de porc de 14 oz (400 g)

Fleur de sel, au goût

1 bouquet de cresson

1 c. à thé (5 ml) de vinaigre de vin rouge

1 poire au porto (recette page 156)

Sel

La recommandation du sommelier
Mateus Rosé Sparkling Bruto

Figues fraîches au prosciutto et au Serra

Figos frescos com presunto e Serra

PRÉPARATION

Dans une poêle, chauffer 2 c. à table (30 ml) d'huile d'olive à feu moyen et faire revenir les oignons et l'ail environ 4 minutes, jusqu'à ce qu'ils soient tendres. Ajouter le vinaigre balsamique et laisser réduire. Réserver.

Trancher la baguette sur la largeur. Griller le pain au four à *broil* pendant 2 minutes. Répartir uniformément le mélange d'oignons sur le pain. Couvrir dans l'ordre de prosciutto, de figues et de fromage.

Griller de nouveau au four pendant quelques minutes jusqu'à ce que le fromage soit fondu et bien doré. Terminer en versant le reste de l'huile d'olive et le miel sur le dessus et servir immédiatement. Garnir avec les feuilles de basilic.

INGRÉDIENTS

3 c. à table (45 ml) d'huile d'olive

6 oignons verts, hachés finement

2 gousses d'ail, hachées

2 c. à table (30 ml) de vinaigre balsamique

1 baguette de pain

3 ½ oz (100 g) de prosciutto serrano

4 figues fraîches, en fines tranches

7 oz (200 g) de fromage Serra da Estrela

3 c. à table (45 ml) de miel

Quelques feuilles de basilic frais

La recommandation du sommelier
Ferreira White Porto
SAQ 571604

Médaillons d'agneau au fromage de chèvre

Ensopado de borrego com queijo de cabra

4 portions
Préparation : 50 min
Cuisson : 1 h

INGRÉDIENTS

4 médaillons d'agneau

4 c. à table (60 ml) d'huile d'olive

½ oignon, haché

1 tasse (250 ml) de vin blanc sec

2 c. à table (30 ml) de concentré de poivron rouge portugais

2 feuilles de laurier

2 brins de thym

1 courgette en tranches, 1 aubergine en tranches et 8 asperges, grillées

⅔ tasse (160 ml) de fromage de chèvre frais, en tranches

Quelques gouttes de vinaigre balsamique

Sel et poivre du moulin

PRÉPARATION

Saler et poivrer les médaillons d'agneau. Dans un poêlon allant au four, chauffer 2 c. à table (30 ml) d'huile d'olive à feu vif et faire dorer la viande des deux côtés. Réserver.

Préchauffer le four à 350°F (180°C).

Dans le même poêlon, faire revenir l'oignon et déglacer avec le vin blanc. Ajouter le concentré de poivron, le laurier et le thym. Rectifier l'assaisonnement et ajouter la viande. Cuire lentement au four environ 45 minutes.

Dans un plat de cuisson, déposer la viande sur les légumes grillés et couvrir avec le fromage de chèvre. Remettre quelques minutes au four à *broil* pour gratiner. Avant de servir, arroser avec le reste de l'huile d'olive et le vinaigre balsamique.

La recommandation du sommelier
Casa Ferreirinha CALLABRIGA 2008
Douro | SAQ 10499773

Un vent de fraîcheur

Salade de morue aux pois chiches

Meia desfeita de bacalhau

4 portions
Préparation : 15 min
Cuisson : 55 min

INGRÉDIENTS

2 tasses (500 ml) d'eau

½ lb (250 g) de pois chiches (trempés dans l'eau 24 heures à l'avance)

2 oignons (1 coupé en deux et 1 ciselé)

5 c. à table (75 ml) d'huile d'olive

½ lb (250 g) de morue salée, dessalée (voir Note)

1 feuille de laurier

2 c. à table (30 ml) de persil frais, haché finement

Poivrons grillés (recette page 64)

Sel et poivre du moulin

PRÉPARATION

Dans un grande casserole, à feu moyen, mélanger l'eau, les pois chiches, l'oignon coupé en deux, 2 c. à table (30 ml) d'huile d'olive et un peu de sel. Cuire pendant 45 minutes.

Dans une casserole, à feu moyen, cuire la morue dans 1 litre (4 tasses) d'eau froide avec le laurier et le poivre environ 8 minutes. Égoutter le poisson.

Dans un grand bol, émietter la morue à la fourchette. Ajouter les pois chiches, l'oignon ciselé, le persil et les poivrons grillés. Ajouter le reste de l'huile d'olive ainsi que du sel et du poivre, au goût.

Note : Dessaler la morue 48 heures à l'avance en la faisant tremper dans l'eau froide pendant tout ce temps (changer l'eau au moins 3 ou 4 fois par jour).

La recommandation du sommelier
Casa Ferreirinha VINHA GRANDE 2008
Douro | SAQ 865329

Salade de tomates au fromage de chèvre

Salada de tomate com queijo de cabra

4 portions

Préparation : 10 min

Cuisson : 20 min

PRÉPARATION

Préchauffer le four à 200°F (95°C).

Étaler les tranches de prosciutto sur une plaque de cuisson et cuire au four environ 20 minutes.

Dans un bol, fouetter l'huile d'olive, le vinaigre, le miel, le sel et le poivre.

Dans une grande assiette, faire alterner les tranches de tomate, l'oignon et le fromage de chèvre. Arroser avec la vinaigrette et décorer avec les chips de prosciutto.

Note : Une fois croustillantes et refroidies, les chips de prosciutto se conservent quelques jours dans un contenant hermétique gardé dans un endroit frais et sec.

INGRÉDIENTS

7 oz (200 g) de prosciutto, coupé en fines tranches

½ tasse (125 ml) d'huile d'olive

2 c. à thé (10 ml) de vinaigre de vin blanc

1 c. à thé (5 ml) de miel

3 tomates en grappe, en tranches

½ oignon rouge, coupé en demi-lunes

⅔ tasse (160 ml) de fromage de chèvre frais à température ambiante, coupé grossièrement en morceaux

Sel et poivre du moulin

Poivrons grillés

Pimentos grelhados

4 portions
Préparation : 5 min
Cuisson : 7 min

INGRÉDIENTS

4 poivrons entiers

2 c. à table (30 ml) d'huile d'olive

2 c. à table (30 ml) de persil frais, haché

Quelques gouttes de piri-piri, au goût
(recette page 130)

Sel

PRÉPARATION

Sur la grille du barbecue ou au four à *broil*, griller les poivrons sur toutes les faces jusqu'à ce que la peau noircisse uniformément. Laisser reposer dans un cul-de-poule recouvert de pellicule plastique.

Peler et épépiner les poivrons refroidis avant de les découper en languettes d'environ ½ po (1 cm) de largeur. Assaisonner au goût avec l'huile d'olive, le persil, le piri-piri et le sel.

Gourganes au chouriço

Favas com chouriço

4 portions
Préparation : 8 min
Cuisson : 10 min

INGRÉDIENTS

1 ½ tasse (375 ml) de chouriço, en petits dés

3 c. à table (45 ml) d'huile d'olive

1 lb (500 g) de gourganes fraîches, pelées

1 orange ou clémentine, en quartiers

2 c. à table (30 ml) de menthe fraîche, hachée

2 c. à table (30 ml) de coriandre fraîche, hachée

Chips de prosciutto, au goût (recette page 63)

2 œufs, cuits dur et coupés en quartiers

Sel et poivre du moulin

PRÉPARATION

Dans un poêlon, à feu moyen, faire revenir le chouriço dans l'huile d'olive. Ajouter les gourganes et remuer de temps à autre environ 5 minutes à l'aide d'une cuillère en bois.

Lorsque les gourganes sont tendres et croquantes, les déposer dans un saladier. Ajouter les quartiers d'orange, la menthe et la coriandre. Saler et poivrer au goût. Décorer avec les chips de prosciutto et les œufs.

Salade de tomates multicolore

Salada de tomates

PRÉPARATION

Dans une petite casserole d'eau bouillante, blanchir les petits pois avec le sucre pendant 2 minutes. Refroidir immédiatement les pois dans un bol d'eau glacée.

Dans un saladier, mélanger l'oignon, les tomates, les radis et les petits pois égouttés.

Dans un petit bol, émulsionner à la fourchette le vinaigre et l'huile d'olive avec l'ail, le sel et le poivre. Verser sur la salade et parsemer de basilic.

INGRÉDIENTS

⅔ tasse (160 ml) de petits pois verts

1 c. à thé (5 ml) de sucre

1 petit oignon rouge, émincé

2 lb (1 kg) de tomates de différentes couleurs (rouges, jaunes, vertes et noires), en tranches

½ botte de radis, nettoyée et coupée en rondelles

2 c. à table (30 ml) de vinaigre de vin rouge

¼ tasse (60 ml) d'huile d'olive

½ gousse d'ail, ciselée

2 c. à table (30 ml) de basilic frais, ciselé

Sel marin et poivre

Salade de pieuvre

Salada de polvo

PRÉPARATION

Nettoyer et laver la pieuvre. Séparer les tentacules de la tête et réserver.

Dans une grande casserole remplie d'eau froide salée, mettre la moitié des oignons, l'ail, les tomates et le laurier. Porter à ébullition et cuire la pieuvre pendant 1 heure 30 minutes. Retirer immédiatement la pieuvre de la casserole et laisser refroidir.

Couper la pieuvre en lanières. Dans un saladier, mélanger la pieuvre avec le reste de l'oignon, le poivron et persil. Saler et poivrer au goût. Arroser avec l'huile d'olive et le vinaigre de vin rouge. On peut décorer avec des champignons et des cœurs d'artichauts marinés.

INGRÉDIENTS

3 ½ lb (1,5 kg) de pieuvre (entière de préférence)

2 oignons rouges, en lanières

2 gousses d'ail

1 lb (500 g) de tomates entières

1 feuille de laurier

1 poivron, en lanières

¼ tasse (60 ml) de persil frais, haché finement

5 c. à table (75 ml) d'huile d'olive

2 c. à table (30 ml) de vinaigre de vin rouge

Sel et poivre

La recommandation du sommelier
Casa Ferreirinha VINHA GRANDE 2010
Douro | SAQ 10838878

Salade de sardines aux pommes Granny Smith

4 portions
Préparation : 15 min
Cuisson : 5 min

Salada de sardinhas com mãças

INGRÉDIENTS

1 ¼ tasse (310 ml) d'eau

2 c. à table (30 ml) de sel marin

16 sardines portugaises entières

2 pommes Granny Smith, en fines tranches

3 c. à table (45 ml) de vinaigre de framboise

Feuilles de roquette

2 tomates fraîches, en dés

3 échalotes, émincées

¼ tasse (60 ml) d'huile d'olive

2 c. à thé (10 ml) de persil frais, ciselé

Poivre

PRÉPARATION

Dans un plat creux, mélanger l'eau et le sel. Laisser tremper les sardines dans cette saumure de 15 à 20 minutes.

Blanchir les pommes dans l'eau bouillante pendant 1 minute à peine. Égoutter.

Égoutter les sardines et les couper en filets. Rincer à l'eau froide et bien éponger avant de faire mariner dans le vinaigre pendant 15 minutes.

Faire un lit de roquette au fond d'un saladier. Ajouter les pommes, les sardines, les tomates et les échalotes. Arroser avec l'huile d'olive, poivrer et parsemer de persil.

La recommandation du sommelier
Casa Ferreirinha VINHA GRANDE 2008
Douro | SAQ 865329

Mercado dos Lavradores

Camara de Lobos

Tout le monde
à la mer !

Quem vai para o mar avia-se na terra

Morue à la braz

Bacalhau a Bràs

4 portions
Préparation : 30 min
Cuisson : 20 min

INGRÉDIENTS

1 ½ lb (750 g) de pommes de terre Yukon Gold, épluchées

1 ½ lb (750 g) de morue, dessalée (voir Note)

5 c. à table (75 ml) d'huile d'olive vierge extra

1 oignon, émincé

2 gousses d'ail, émincées (retirer le germe)

1 feuille de laurier

60 ml (¼ tasse) de vin blanc sec

8 œufs

2 c. à table (30 ml) de persil frais, haché

Huile végétale (pour la friture)

PRÉPARATION

Couper les pommes de terre en allumettes très fines.

À l'aide d'une fourchette, émietter la morue et la débarrasser de ses arêtes. Dans un poêlon, chauffer l'huile d'olive à feu doux et faire revenir l'oignon, l'ail et le laurier 5 minutes. Déglacer avec le vin blanc. Ajouter la morue et cuire à feu moyen environ 3 minutes.

Dans une friteuse, chauffer de l'huile végétale à 350°F (180°C) et frire les pommes de terre 5 minutes. Une fois qu'elles sont prêtes, les mélanger avec la morue.

Battre les œufs dans un grand bol et les mélanger avec la préparation de morue. Cuire de 4 à 5 minutes et rectifier l'assaisonnement. Parsemer de persil et servir.

Note : Dessaler la morue 48 heures à l'avance en la faisant tremper dans l'eau froide pendant tout ce temps (changer l'eau au moins 3 ou 4 fois par jour).

La recommandation du sommelier
Portal PORTUS CALLE 2010
Douro | Disponible au Portus Calle

Morue confite

Bacalhau confitado

4 portions
Préparation : 30 min
Cuisson : 20 min

INGRÉDIENTS

- 4 pavés de morue séchée, dessalée (voir Note) ou de morue fraîche
- 2 tasses (500 ml) d'huile d'olive
- 4 gousses d'ail entières non épluchées

PRÉPARATION

Dans un poêlon, chauffer l'huile d'olive à feu doux. Cuire la morue et l'ail 20 minutes à feu très doux. Servir avec de la panade d'asperges (recette page 136).

Note : Si on utilise de la morue séchée, la dessaler 48 heures à l'avance en la faisant tremper dans l'eau froide pendant tout ce temps (changer l'eau au moins 3 ou 4 fois par jour).

La recommandation du sommelier
Sogrape RESERVA 2008
Douro | SAQ 11325741

Morue grillée à la portugaise

Bacalhau assado

PRÉPARATION

Allumer le barbecue et préchauffer le four à 400°F (200°C).

Dans un plat de cuisson, mélanger les pommes de terre avec les oignons, l'ail et un peu d'huile d'olive. Saler et poivrer au goût. Cuire au four environ 30 minutes.

Égoutter et bien éponger la morue. Cuire sur la grille du barbecue 5 minutes de chaque côté, puis retirer la peau et les arêtes. Défaire le poisson en morceaux.

Dans un plat en terre cuite ou un plat de service, mélanger la morue avec la préparation aux pommes de terre et les œufs durs. Arroser avec ½ tasse (125 ml) d'huile d'olive et ajouter le persil. Assaisonner au goût et servir avec les rapinis.

Note : Dessaler la morue 48 heures à l'avance en la faisant tremper dans l'eau froide pendant tout ce temps (changer l'eau au moins 3 ou 4 fois par jour).

INGRÉDIENTS

1 ¼ lb (625 g) de morue salée, dessalée (voir Note)

2 lb (1 kg) de pommes de terre grelots ou rattes

12 petits oignons, épluchés

3 gousses d'ail, non épluchées

Environ ½ tasse (125 ml) d'huile d'olive

3 œufs, cuits dur et coupés en morceaux

3 c. à table (45 ml) de persil frais, haché

1 botte de rapinis, blanchie

Sel et poivre du moulin

La recommandation du sommelier
Casa Ferreirinha VINHA GRANDE 2010
Douro | SAQ 10838878

Morue noire d'Alaska à Zé do Pipo

Bacalhau preto do Alaska a Zé do Pipo

PRÉPARATION

Faire mariner les pavés de morue pendant 1 heure dans un mélange de gros sel, de poivre, de jus de citron et de lait. Égoutter le poisson et l'éponger avec du papier absorbant avant de le fariner.

Dans une poêle, à feu moyen, faire dorer le poisson dans 2 c. à table (30 ml) d'huile d'olive. Placer la morue dans un plat de cuisson et, à l'aide d'une poche à douille, l'entourer avec la purée de pommes de terre.

Préchauffer le four à 350°F (180°C).

Faire revenir l'oignon dans le reste de l'huile d'olive. Ajouter les crevettes et les poivrons et les déposer sur la morue. Répartir l'aïoli sur les crevettes et les poivrons. Badigeonner la purée de pommes de terre avec le jaune d'œuf.

Cuire au four environ 10 minutes, jusqu'à ce que le tout soit doré. Accompagner d'une salade verte.

INGRÉDIENTS

4 pavés de morue noire d'Alaska bien fraîche

Le jus de 1 citron

125 ml (½ tasse) de lait

3 c. à table (45 ml) de farine

4 c. à table (60 ml) d'huile d'olive vierge extra

14 oz (400 g) de pommes de terre Yukon Gold, en purée

1 oignon, en rondelles

8 crevettes, décortiquées

3 tasses (750 ml) de poivrons rouges, grillés

½ tasse (125 ml) d'aïoli (recette page 132)

1 jaune d'œuf

Gros sel et poivre du moulin

La recommandation du sommelier
Casa Ferreirinha VINHA GRANDE 2008
Douro | SAQ 865329

Risotto à la morue noire et aux tomates séchées

4 portions
Préparation : 30 min
Cuisson : 20 min

Risotto de Bacalhau preto com tomates secos

INGRÉDIENTS

2 tasses (500 ml) de fumet de poisson

14 oz (400 g) de morue noire fraîche

4 c. à table (60 ml) d'huile d'olive vierge extra

1 gros oignon, ciselé

1 gousse d'ail, hachée

1 feuille de laurier

¾ tasse (180 ml) de riz arborio

1 tasse (250 ml) de tomates séchées, en lanières

2 c. à table (30 ml) de persil frais, haché

½ tasse (125 ml) de tapenade d'olives noires (recette page 142)

PRÉPARATION

Dans une casserole, porter à ébullition la moitié du fumet de poisson et la morue. Éteindre le feu et laisser reposer 15 minutes. Égoutter le poisson et passer le fumet au tamis fin. Réserver le fumet. Effilocher le poisson en gros morceaux en prenant soin d'enlever la peau et les arêtes.

Dans un poêlon, chauffer l'huile d'olive à feu doux et faire revenir l'oignon, l'ail et le laurier. Lorsque l'oignon est transparent, déglacer avec le reste du fumet et le fumet réservé. Porter à ébullition, ajouter le riz et cuire à feu doux à découvert en remuant fréquemment. Lorsque le riz est al dente et crémeux, ajouter le poisson, les tomates séchées et le persil. Rectifier l'assaisonnement et servir avec la tapenade d'olives noires.

La recommandation du sommelier
Portal PORTUS CALLE 2010
Douro | Disponible au Portus Calle

Raie poêlée

Raia Frita

PRÉPARATION

Dans un grand plat en verre, mélanger le jus de citron, le sel, le poivre, l'ail et le laurier. Ajouter le poisson et laisser mariner environ 2 heures au réfrigérateur.

Avant la cuisson, éponger le poisson avec du papier absorbant et le fariner. Dans une poêle, chauffer l'huile d'olive à feu moyen et cuire le poisson de 3 à 4 minutes de chaque côté selon la grosseur des morceaux. Égoutter afin d'éliminer le surplus de gras et servir immédiatement.

INGRÉDIENTS

Le jus de 1 citron

4 gousses d'ail, hachées

1 feuille de laurier

4 morceaux de raie de ¼ lb (120 g) chacun, désarêtés

1 tasse (250 ml) de farine ou de chapelure

¼ tasse (60 ml) d'huile d'olive

Sel et poivre

Clubs aux sardines

Club Sandwich com pasta de sardinhas

PRÉPARATION

Dans un saladier, écraser les sardines avec leur huile. Presser le citron et ajouter la moutarde, les poivrons, la tapenade et le fromage de chèvre. Bien mélanger pour obtenir des rillettes homogènes et assaisonner au goût.

Tartiner 8 des tranches de pain avec la moitié des rillettes, puis les superposer deux par deux. Tartiner les 4 dernières tranches de pain avec le reste des rillettes, puis les poser sur les sandwichs pour former des clubs. Réserver au réfrigérateur pendant 2 heures.

Au moment de servir, faire dorer les clubs sandwichs au four préchauffé à 350°F (180°C). Couper chaque club sandwich en triangles et accompagner d'une salade de tomates.

INGRÉDIENTS

½ lb (250 g) de sardines portugaises dans l'huile

Le jus de ½ citron

1 c. à thé (5 ml) de moutarde de Dijon

⅔ tasse (160 ml) de poivrons grillés, coupés finement

1 c. à table (15 ml) de tapenade d'olives noires (recette page 142)

⅔ tasse (160 ml) de fromage de chèvre non affiné, émietté

12 tranches de pain de mie, sans croûte

Sel et poivre

Dorade royale barbecue à la sauce persillée

Pargo grelhado com salsa

PRÉPARATION

Dans un bol, mélanger tous les ingrédients qui composent la sauce persillée.

Assaisonner le poisson avec le sel marin, le poivre, l'ail et jus de citron. Badigeonner avec l'huile d'olive.

Mettre le poisson sur la grille du barbecue très chaude. Après 3 minutes de cuisson, griller la dorade de l'autre côté environ 3 minutes de plus. Servir avec la sauce persillée.

INGRÉDIENTS

Sauce persillée

½ tasse (125 ml) d'huile d'olive vierge extra

2 c. à table (30 ml) de vinaigre de framboise

¼ tasse (60 ml) d'oignons rouges, hachés

½ tasse (125 ml) de persil frais, haché

2 c. à table (30 ml) de câpres

1 gousse d'ail, hachée

Dorade royale

2 dorades royales de 2 lb (1 kg) chacune

2 gousses d'ail, hachées

Le jus de 1 citron

3 c. à table (45 ml) d'huile d'olive vierge extra

Sel marin et poivre noir

La recommandation du sommelier
Casa Ferreirinha VINHA GRANDE 2010
Douro | SAQ 10838878

Filets de bar européen et palourdes

Filetes de robalo com ameijoas

4 portions
Préparation : 30 min
Cuisson : 25 min

INGRÉDIENTS

4 filets de bar européen frais

Le jus de 1 citron

1 ¼ tasse (310 ml) de pommes de terre Yukon Gold, en cubes

1 chou-fleur, défait en bouquets

6 c. à table (90 ml) d'huile d'olive vierge extra

6 c. à table (90 ml) de coriandre fraîche, hachée grossièrement

1 oignon, en rondelles

2 tasses (500 ml) de vin blanc sec

20 palourdes du Pacifique (*littleneck*)

Gros sel et poivre du moulin

PRÉPARATION

Faire mariner les filets de poisson dans le jus de citron, le gros sel et le poivre pendant 1 heure. Éponger avec du papier absorbant.

Dans une casserole d'eau bouillante salée, cuire les pommes de terre et le chou-fleur environ 7 minutes, jusqu'à ce qu'ils soient tendres. À l'aide d'un pilon, écraser les deux légumes ensemble. Ajouter 3 c. à table (45 ml) d'huile d'olive et 4 c. à table (60 ml) de coriandre. Réserver au chaud.

Dans une poêle, faire revenir l'oignon dans le reste de l'huile d'olive pendant 4 minutes. Déglacer avec le vin blanc, ajouter les filets de poisson et les palourdes.

Cuire à feu doux environ 10 minutes, jusqu'à ce que les palourdes soient toutes ouvertes (jeter celles qui restent fermées).

Servir le poisson sur un lit de pommes de terre et de chou-fleur. Mettre les palourdes tout autour. Arroser de jus de cuisson, parsemer avec le reste de la coriandre et servir chaud.

La recommandation du sommelier
Sogrape RESERVA 2008
Douro | SAQ 11325741

Bar européen poêlé en nage de fumet

Robalo suado

PRÉPARATION

Dans une casserole, porter le fumet de poisson à ébullition avec le sel, les graines de coriandre et l'anis étoilé. Ajouter les quartiers de fenouil et les carottes. Laisser mijoter 20 minutes. Rectifier l'assaisonnement en épices et ajouter la sauce soya.

Préchauffer le four à 350°F (180°C).

Dans une poêle allant au four, à feu vif, cuire les pavés de poisson dans l'huile jusqu'à ce qu'ils aient une belle coloration. Finir la cuisson au four environ 4 minutes.

Répartir le fumet dans les bols, puis ajouter 2 quartiers de bulbe de fenouil et 2 carottes. Disposer le poisson sur les légumes et parsemer de feuilles de coriandre. Servir immédiatement.

INGRÉDIENTS

4 tasses (1 litre) de fumet de poisson

1 c. à table (15 ml) de graines de coriandre

1 anis étoilé

2 bulbes de fenouil, en quartiers

8 carottes nantaises

2 c. à table (30 ml) de sauce soya

4 pavés de bar européen

3 c. à table (45 ml) d'huile d'olive

½ botte de coriandre (feuilles seulement)

Sel marin

La recommandation du sommelier
Herdade do Peso COLHEITA 2008
Alentejo | SAQ 10660740

Pavé de thon aux graines de sésame

Pave de atum em grão de sésamo

4 portions
Préparation : 10 min
Cuisson : 7 min

INGRÉDIENTS

1 pavé de thon rouge de 14 oz (400 g)

3 tasses (750 ml) de graines de sésame (moitié noires, moitiés blanches)

½ tasse (125 ml) d'huile d'olive vierge extra

Fleur de sel et poivre noir

PRÉPARATION

Saler et poivrer le thon, puis le rouler dans les graines de sésame.

Dans une poêle, chauffer l'huile d'olive à feu très vif et saisir le thon sur toutes les faces. Laisser refroidir environ 5 minutes à température ambiante.

Découper le pavé de thon en tranches. Servir avec de la ratatouille (recette page 139) et de la sauce au yogourt et à l'ail rôti (recette page 132).

La recommandation du sommelier
Casa Ferreirinha CALLABRIGA 2008
Douro | SAQ 10499773

Ragoût de seiches au chouriço

Ragu de chocos e chouriço

4 portions
Préparation : 50 min
Cuisson : 1 h 10

INGRÉDIENTS

½ tasse (125 ml) de haricots cocos secs (trempés dans l'eau 12 heures à l'avance)

1 petit oignon, haché grossièrement

1 gousse d'ail, hachée grossièrement

6 brins de persil, ciselés

2 feuilles de laurier

1 c. à table (15 ml) de grains de poivre entiers

¼ tasse (60 ml) de chouriço piquant

1 c. à table (15 ml) d'huile d'olive

1 ¼ lb (625 g) de seiches

1 tasse (250 ml) de bouillon de poulet

1 c. à thé (5 ml) de concentré de tomates

1 pincée de piment d'Espelette

3 tasses (750 ml) de rapinis

1 c. à table (15 ml) de beurre

Sel et poivre du moulin

PRÉPARATION

Égoutter les haricots et les mettre dans une casserole. Couvrir largement d'eau froide et ajouter l'oignon, l'ail, 2 brins de persil, 1 feuille de laurier et les grains de poivre entiers. Porter à ébullition et baisser le feu pour que le liquide frémisse. Cuire environ 40 minutes, jusqu'à ce que les haricots soient tendres, et bien égoutter.

Pendant ce temps, préchauffer le four à 350°F (180°C). Enlever la peau du chouriço et le couper en tout petits dés. Saler et huiler légèrement les seiches et les poser sur une plaque de cuisson huilée.

Dans une cocotte, chauffer l'huile d'olive et bien mélanger les haricots, le chouriço, le bouillon de poulet, le concentré de tomates, 1 feuille de laurier, le piment d'Espelette et le poivre. Laisser reposer à feu doux en remuant de temps à autre.

Pendant ce temps, cuire les seiches au four environ 8 minutes.

Rincer et éponger les rapinis, puis les blanchir dans une casserole d'eau bouillante environ 2 minutes. Refroidir immédiatement dans un bol d'eau glacée afin de préserver leur couleur et leur saveur. Chauffer le beurre dans une poêle et les faire sauter rapidement.

Répartir les rapinis dans les assiettes et mettre les seiches au centre. Napper de ragoût et décorer avec le reste du persil.

La recommandation du sommelier
Casa Ferreirinha VINHA GRANDE 2008
Douro | SAQ 865329

4 portions

Préparation : 20 min

Cuisson : 45 min

Vivaneau au four

Imperador no forno

PRÉPARATION

Assaisonner le poisson avec le sel marin et le poivre.

Dans un grand plat de cuisson, disposer les pommes de terre, les oignons, 4 gousses d'ail, les tomates, le persil et la coriandre. Déposer le poisson entier sur les légumes et badigeonner avec 4 c. à table (60 ml) d'huile d'olive et arroser avec le vin blanc. Assaisonner au goût.

Cuire au four environ 45 minutes, jusqu'à ce que les pommes de terre soient cuites.

Pendant ce temps, faire sauter les rapinis, les olives et la dernière gousse d'ail dans le reste de l'huile d'olive. Servir comme accompagnement avec le poisson et les légumes cuits au four.

INGRÉDIENTS

1 gros vivaneau de 4 lb (2 kg)

1 lb (500 g) de pommes de terre grelots, coupées en deux

1 ¼ tasse (310 ml) d'oignons, en fines rondelles

5 gousses d'ail, hachées

5 tasses (1,25 litre) de tomates mûres, en dés

½ botte de persil, hachée

¼ tasse (60 ml) de coriandre fraîche, hachée

6 c. à table (90 ml) d'huile d'olive vierge extra

2 tasses (500 ml) de vin blanc sec

1 rapini, coupé grossièrement

16 olives noires, dénoyautées

Sel marin et poivre noir

La recommandation du sommelier
Casa Ferreirinha VINHA GRANDE 2010
Douro | SAQ 10838878

Riz à la lotte

Arroz de Tamboril

4 portions
Préparation : 10 min
Cuisson : 15 min

INGRÉDIENTS

3 c. à table (45 ml) d'huile d'olive

2 gousses d'ail, ciselées

1 oignon, ciselé

1 feuille de laurier

6 tasses (1,5 litre) de fumet de poisson

3 tomates mûres, en dés

3 gouttes de piri-piri (recette page 130)

2 tasses (500 ml) de riz à grain long

2 lb (1 kg) de lotte, parée

8 crevettes, décortiquées et déveinées

½ botte de coriandre fraîche (feuilles seulement)

Sel

PRÉPARATION

Chauffer l'huile d'olive dans une cocotte à feu moyen. Faire revenir l'ail, l'oignon et le laurier. Dès que l'oignon commence à blondir, verser le fumet de poisson, ajouter les tomates et porter à ébullition. Assaisonner de piri-piri et de sel, ajouter le riz et baisser le feu.

Lorsque le riz est cuit à moitié, ajouter la lotte et les crevettes. Cuire 10 minutes à feu doux. Ajouter la coriandre à la toute fin de la cuisson afin qu'elle conserve sa couleur et son arôme. Servir dans la cocotte.

La recommandation du sommelier
Casa Ferreirinha VINHA GRANDE 2010
Douro | SAQ 10838878

Cataplana de fruits de mer

Cataplana de mariscos

PRÉPARATION

Dans une cataplana (voir Note 3) ou une cocotte munie d'un couvercle, chauffer l'huile d'olive à feu moyen. Faire revenir l'oignon, l'ail, le laurier et le persil jusqu'à ce que l'oignon devienne transparent.

Ajouter les tomates et le riz. Mouiller avec l'eau de cuisson de crustacés. Assaisonner au goût de sel et de piri-piri et porter à ébullition. Réduire à feu doux, couvrir et cuire 20 minutes. Ajouter les fruits de mer, couvrir et poursuivre la cuisson 10 minutes à feu doux. Retirer du feu et servir directement dans la cataplana.

Notes : Faire un court-bouillon avec des carapaces et des coquilles de fruits de mer.

Garder les mollusques et les crustacés entiers avec leur carapace ou leur coquillage, mais décortiquer les crevettes.

La cataplana est un plat de cuisson en cuivre originaire de l'Algarve qui permet de cuire les aliments à la vapeur sans qu'on ait besoin d'ouvrir le couvercle pour les mélanger pendant la cuisson. On utilise le même mot pour désigner les aliments que l'on fait cuire dans ce récipient.

INGRÉDIENTS

¾ tasse (180 ml) d'huile d'olive

1 oignon, haché très finement

2 gousses d'ail, hachées finement

2 feuilles de laurier

1 bouquet de persil

1 ¼ tasse (310 ml) de tomates mûres, en petits dés

1 tasse (250 ml) de riz arborio

2 tasses (500 ml) d'eau de cuisson de crustacés (voir Note 1)

Quelques gouttes de piri-piri, au goût (recette page 130)

Crevettes, langouste ou homard, calmars, moules, palourdes, crevettes, etc., au choix ou selon les arrivages saisonniers (voir Note 2)

Sel

La recommandation du sommelier
Sogrape RESERVA 2008
Douro | SAQ 11325741

Crevettes à l'ail

Camarão ao alho

INGRÉDIENTS

12 crevettes de grosseur 4/6, décortiquées

5 c. à table (75 ml) de beurre salé

4 gousses d'ail, hachées

1 tasse (250 ml) de vin blanc sec

1 feuille de laurier

4 c. à table (60 ml) de persil frais, haché

Le jus de 1 citron

Quelques gouttes de piri-piri, au goût (recette page 130)

Sel marin

PRÉPARATION

Dans une poêle à surface antiadhésive, à feu moyen, mélanger le beurre, les crevettes, l'ail, le vin blanc et le laurier. Cuire 8 minutes, puis ajouter le persil et le jus de citron. Assaisonner de piri-piri et de sel marin, au goût.

La recommandation du sommelier
Casa Ferreirinha RESERVA ESPECIAL 2003
Douro | SAQ 865337

Bouillabaisse à Nazaré

Caldeirada à Nazarena

4 portions
Préparation : 30 min
Cuisson : 30 min

PRÉPARATION

Laver les poissons et les fruits de mer et assaisonner de gros sel. Au fond d'une cocotte de 16 tasses (4 litres), mettre les palourdes, les oignons, l'ail, le poivron, les tomates, le persil et le laurier. Couvrir avec les pommes de terre, les crevettes, les calmars et les poissons, sauf les sardines.

Dans un grand bol, mélanger le concentré de tomates, le vin blanc et l'eau. Verser dans la cocotte. Ajouter les sardines. Assaisonner de piri-piri et de sel fin, puis arroser avec un filet d'huile d'olive. Couvrir et cuire environ 30 minutes à feu moyen.

Ouvrir la cocotte à table en présence des convives et décorer chaque bol individuel de menthe fraîche.

INGRÉDIENTS

10 oz (300 g) de raie, coupée en morceaux

1 vivaneau, coupé en 4 morceaux

10 oz (300 g) de lotte, coupée en morceaux

7 oz (200 g) de calmars, coupés en rondelles

8 palourdes

8 crevettes

4 sardines, séparées en filets

1 oignon, en rondelles

2 gousses d'ail, ciselées

1 poivron rouge, en lanières

1 lb (500 g) de tomates mûres, en dés

½ botte de persil, coupée grossièrement

2 feuilles de laurier

3 lb (1,5 kg) de pommes de terre Yukon Gold, épluchées et coupées en rondelles

4 c. à table (60 ml) de concentré de tomates

2 tasses (500 ml) de vin blanc sec

6 tasses (1,5 litre) d'eau

Quelques gouttes de piri-piri, au goût (recette page 130)

Un filet d'huile d'olive

Quelques feuilles de menthe fraîche, ciselées

Gros sel et sel fin

La recommandation du sommelier
Casa Ferreirinha VINHA GRANDE 2010
Douro | SAQ 10838878

Chaudrée de moules

Sopa grossa de mexilhão

4 portions
Préparation : 15 min
Cuisson : 20 min

INGRÉDIENTS

Béchamel

2 c. à table (30 ml) de beurre

2 c. à table (30 ml) de farine

2 tasses (500 ml) de lait

Sel et poivre

1 c. à table (15 ml) de beurre

1 blanc de poireau, en macédoine

2 branches de céleri, en macédoine

3 épis de maïs, épluchés et cuits

1 tasse (250 ml) de petits pois frais, écossés

1 tasse (250 ml) de vin blanc sec

3 tasses (750 ml) de pommes de terre Yukon Gold,
  en macédoine

2 lb (1 kg) de moules, bien nettoyées

1 oignon vert, ciselé

Sel et poivre

PRÉPARATION

Pour préparer la béchamel : faire fondre le beurre à feu doux dans une casserole. Ajouter la farine et bien mélanger à l'aide d'un fouet. Retirer du feu et ajouter le lait. Bien mélanger, remettre à feu doux et laisser épaissir tout en remuant. Saler et poivrer au goût.

Chauffer le beurre dans une poêle à feu moyen. Faire suer le poireau et le céleri environ 2 minutes.

Pendant ce temps, égrener les épis de maïs. Blanchir les petits pois à l'eau bouillante salée pendant 4 minutes et les refroidir aussitôt dans un bol d'eau glacée.

Déglacer le poireau et le céleri avec le vin blanc et ajouter les pommes de terre. Mouiller avec de l'eau à hauteur et laisser mijoter environ 4 minutes, jusqu'à ce que les pommes de terre soient cuites.

Au moment de servir, ajouter le maïs, les petits pois, la béchamel et les moules dans la poêle. Couvrir et réchauffer jusqu'à ce que les moules soient ouvertes (jeter celles qui restent fermées). Rectifier l'assaisonnement et garnir d'oignon vert.

La recommandation du sommelier
Casa Ferreirinha VINHA GRANDE 2010
Douro | SAQ 10838878

Brochettes et riz à la pieuvre

Espetadas de polvo com arroz do mesmo

4 portions

Préparation : 50 min

Cuisson : 2 h

PRÉPARATION

Dans un bol, mélanger tous les ingrédients qui composent la pâte à tempura avec un peu de piri-piri et de sel jusqu'à consistance homogène.

Nettoyer et laver la pieuvre. Séparer les tentacules de la tête. Dans une grande casserole, mettre 6 tasses (1,5 litre) d'eau, les oignons en gros morceaux, 1 gousse d'ail, 1 feuille de laurier, le persil, le sel et le poivre. Porter à ébullition, ajouter la pieuvre et cuire 1 heure 30 minutes. Retirer immédiatement la pieuvre de la casserole et laisser refroidir.

Enfiler 1 tentacule de pieuvre sur chacune des 8 brochettes en bois. Plonger dans la pâte à tempura et frire dans l'huile d'olive très chaude. Réserver au chaud.

Couper le reste de la pieuvre en lanières. Chauffer l'huile d'olive dans une poêle à feu doux et faire revenir l'oignon ciselé, le reste de l'ail et 1 feuille de laurier. Lorsque l'oignon commence à blondir, ajouter les tomates, le poivron et le fumet de poisson. Porter à ébullition, puis assaisonner de piri-piri et de sel. Ajouter le riz. Lorsqu'il est cuit à moitié, ajouter les lanières de pieuvre. Cuire 10 minutes à feu doux. À la toute fin de la cuisson, ajouter la coriandre.

Servir avec les brochettes tempura encore chaudes.

INGRÉDIENTS

1 pieuvre entière d'environ 4 lb (2 kg)

3 oignons rouges (2 en gros morceaux et 1 ciselé)

3 gousses d'ail

2 feuilles de laurier

½ botte de persil, hachée

3 c. à table (45 ml) d'huile d'olive

1 lb (500 g) de tomates fraîches entières

1 poivron, haché

750 ml (3 tasses) de fumet de poisson

Quelques gouttes de piri-piri, au goût (recette page 130)

1 tasse (250 ml) de riz à grain long

½ botte de coriandre fraîche, coupée grossièrement

Sel et poivre

Huile d'olive (pour la friture)

Pâte à tempura

¾ tasse (180 ml) de farine de blé

3 œufs entiers

1 gousse d'ail, ciselée

1 c. à table (15 ml) de gingembre frais, râpé finement

½ tasse (125 ml) de bière

Carne que basta...
Vinho que farte... Pão que sobre...

Les plaisirs de la chair et du feu

Poulet grillé à la portugaise

Frango no churrasco

4 portions
Préparation : 20 min
Cuisson : 45 min

INGRÉDIENTS

1 poulet de grain

Le jus de 1 citron

Sel

Marinade

3 gousses d'ail, hachées

1 c. à table (15 ml) de paprika

½ tasse (125 ml) d'huile d'olive

½ tasse (125 ml) de vin blanc sec

3 brins de persil frais, ciselés

1 feuille de laurier, concassée

Quelques gouttes de piri-piri, au goût
  (recette page 130)

1 pincée de sel

PRÉPARATION

Environ 90 minutes avant la cuisson, couper le poulet en deux, l'aplatir avec les mains et le masser avec le jus de citron et le sel. Laisser reposer au réfrigérateur.

À l'aide du mélangeur, réduire en purée tous les ingrédients qui composent la marinade. Réserver.

Allumer le barbecue (au charbon de bois de préférence). Mettre le poulet sur la grille bien chaude. Après 20 minutes de cuisson, le badigeonner de marinade des deux côtés à l'aide d'un pinceau et prendre soin de le badigeonner plusieurs fois encore en cours de cuisson. Compter 45 minutes de cuisson en tout en le retournant de temps à autre sur la grille. Servir avec des frites maison et une salade.

La recommandation du sommelier
Herdade do Peso COLHEITA 2008
Alentejo | SAQ 10660740

Riz aux cuisses et aux abats de poulet

Arroz de cabidela

PRÉPARATION

Laver et nettoyer les cuisses et les abats de poulet.

Dans une poêle, chauffer l'huile d'olive à feu vif et faire revenir l'oignon et l'ail. Lorsque l'oignon est translucide, déglacer avec le vin rouge et ajouter les cuisses et les abats de poulet. Réduire à feu moyen, couvrir et laisser mijoter 20 minutes.

Ajouter l'eau et porter à ébullition. Incorporer le riz et cuire environ 10 minutes en remuant régulièrement. Saler, poivrer, puis ajouter le vinaigre et le persil. Éteindre le feu, couvrir et laisser reposer 5 minutes avant de servir.

INGRÉDIENTS

1 ½ lb (750 g) de cuisses de poulet

½ lb (250 g) de foies de poulet

5 oz (150 g) de cœurs de poulet

5 oz (150 g) de gésiers de poulet

2 c. à table (30 ml) d'huile d'olive

1 oignon, haché

1 gousse d'ail, hachée

½ tasse (125 ml) de vin rouge

4 tasses (1 litre) d'eau

2 tasses (500 ml) de riz blanc

2 c. à table (30 ml) de vinaigre de vin rouge

½ botte de persil frais, hachée

Sel et poivre

La recommandation du sommelier
Sogrape RESERVA 2008
Douro | SAQ 11325741

Cailles grillées à la sauce au café

4 portions
Préparation : 25 min
Cuisson : 1 h 30

Codornizes com molho de café

INGRÉDIENTS

6 cailles entières

1 patate douce

½ oignon, émincé

½ carotte, émincée

½ branche de céleri, émincée

1 tasse (250 ml) de crème à cuisson 35 %

⅓ tasse (80 ml) de beurre, ramolli

½ tasse (125 ml) d'expresso ou de café très fort

2 c. à table (30 ml) de fond de veau

2 c. à table (30 ml) de beurre, ramolli

4 œufs de caille

Huile d'olive

Sel et poivre

PRÉPARATION

Préchauffer le four à 375°F (190°C).

Désosser les cailles et réserver la chair au réfrigérateur. Mettre les carcasses dans une lèchefrite.

Faire rôtir la patate au four sur une plaque pendant 25 minutes. Après ce temps de cuisson, la laisser au four, mais ajouter aussi la lèchefrite contenant les carcasses et faire rôtir 20 minutes de plus.

Dans une petite casserole, faire suer les carcasses rôties, l'oignon, la carotte et le céleri. Mouiller à hauteur avec de l'eau et laisser mijoter 30 minutes pour obtenir un fond.

Lorsque la patate est cuite, l'éplucher et la réduire en purée à l'aide d'un pied-mélangeur avec la crème et ⅓ tasse (80 ml) de beurre. Assaisonner au goût.

Dans une casserole, filtrer le fond, puis ajouter le café et le fond de veau. Réduire quelques minutes jusqu'à ce que la sauce nappe le dos d'une cuillère. Monter la sauce avec 2 c. à table (30 ml) de beurre et assaisonner au goût.

Huiler et assaisonner les cailles. Cuire sur la grille du barbecue environ 4 minutes de chaque côté.

Cuire les œufs à feu doux dans une poêle à surface antiadhésive en prenant soin de garder le jaune coulant.

Servir 1 ½ caille par personne sur un lit de purée de patates douces et poser un œuf sur le dessus. Napper avec un trait de sauce au café.

Côtes de veau barbecue et galettes de maïs

Costela de vitela com galette de milho

4 portions

Préparation : 30 min

Cuisson : 20 min

PRÉPARATION

Sortir les côtes de veau du réfrigérateur au moins 1 heure à l'avance pour qu'elles soient à température ambiante.

Allumer le barbecue et cuire les épis de maïs sur le gril environ 4 minutes en les retournant de temps à autre. Égrener les épis à l'aide d'un long couteau.

À l'aide du robot culinaire, mixer le maïs avec les œufs, le fromage, le sel et le poivre. Ajouter la farine et mixer de nouveau rapidement afin d'obtenir une pâte homogène. Incorporer le persil et rectifier l'assaisonnement.

Chauffer le beurre dans une grande poêle et verser de petites quantités de pâte à l'aide d'une cuillère à soupe pour faire des galettes. Laisser dorer de 1 à 2 minutes de chaque côté et réserver au chaud.

Poivrer et saler la viande des deux côtés et la badigeonner avec l'huile d'olive. Faire griller de 5 à 6 minutes de chaque côté, au goût. Mettre la viande dans une assiette chaude, couvrir de papier d'aluminium et laisser reposer 5 minutes. Servir avec les galettes de maïs.

INGRÉDIENTS

4 côtes de veau de lait

2 épis de maïs frais, épluchés

2 œufs entiers

3 c. à table (45 ml) de fromage São Jorge, râpé

5 c. à table (75 ml) de farine de maïs jaune

3 c. à table (45 ml) de persil frais, ciselé

3 c. à table (45 ml) de beurre

1 c. à table (15 ml) d'huile d'olive

Fleur de sel et poivre

La recommandation du sommelier
Casa Ferreirinha, RESERVA ESPECIAL 2003
Douro | SAQ 865337

Tripes à la mode de Porto

Tripas a moda do Porto

4 portions
Préparation: 40 min
Cuisson: 1 h 20

INGRÉDIENTS

1 lb (500 g) de tripes de veau

⅔ tasse (160 ml) de haricots de Lima secs (trempés dans l'eau 12 heures à l'avance)

2 feuilles de laurier

2 c. à table (30 ml) d'huile d'olive

1 gros oignon, ciselé

2 carottes, en rondelles

⅔ tasse (160 ml) de chouriço, en rondelles

⅔ tasse (160 ml) de chouriço noir, en rondelles

1 tasse (250 ml) de prosciutto, en petits dés

¾ tasse (180 ml) de vin blanc

2 c. à table (30 ml) de concentré de tomates

Quelques gouttes de piri-piri, au goût (recette page 130)

4 brins de persil, ciselés

Sel

PRÉPARATION

Dans une grande casserole d'eau bouillante salée, cuire les tripes à feu moyen et à couvert environ 30 minutes.

Égoutter les haricots de Lima et les mettre dans une casserole. Couvrir largement d'eau froide et ajouter 1 feuille de laurier et du sel, au goût. Porter à ébullition et baisser le feu pour que le liquide frémisse. Cuire environ 40 minutes, jusqu'à ce que les haricots soient tendres, et bien égoutter.

Chauffer l'huile d'olive dans une cocotte à feu moyen. Faire revenir doucement l'oignon, les carottes, les chouriços, le prosciutto et 1 feuille de laurier environ 5 minutes, jusqu'à légère coloration. Déglacer avec le vin blanc, ajouter les tripes coupées en morceaux, le concentré de tomates et les haricots de Lima. Laisser mijoter 5 minutes, saler et ajouter le piri-piri, au goût. Garnir de persil et servir avec du riz chaud.

La recommandation du sommelier
QUINTA DOS CARVALHAIS 2005
Unico | SAQ 11075841

Bœuf à la portugaise

Bife a Portuguesa

PRÉPARATION

Saler et poivrer les contrefilets. Dans une poêle, chauffer 6 c. à table (90 ml) d'huile d'olive à feu vif et colorer la viande des deux côtés. Réserver.

Dans la même poêle, faire revenir le chouriço, ajouter l'ail et déglacer avec le vin blanc. À l'aide d'un petit fouet, incorporer la moutarde et le piri-piri. Laisser réduire 2 minutes et ajouter le bœuf.

Dans une friteuse, chauffer l'huile végétale à 350°F (180°C) et frire les pommes de terre jusqu'à ce qu'elles soient dorées et croustillantes.

Dans une poêle, cuire les œufs dans le reste de l'huile d'olive à feu doux en prenant soin de garder le jaune coulant.

Servir la viande sur un lit de frites et servir un œuf sur le dessus.

INGRÉDIENTS

4 contrefilets de bœuf d'environ ½ lb (250 g) chacun

8 c. à table (120 ml) d'huile d'olive

⅔ tasse (160 ml) de chouriço, en petits dés

4 gousses d'ail, hachées

½ tasse (125 ml) de vin blanc

2 c. à table (30 ml) de moutarde de Dijon

Quelques gouttes de piri-piri, au goût (recette page 130)

4 pommes de terre Yukon Gold, en julienne

4 œufs

Sel et poivre du moulin

Huile végétale (pour la friture)

La recommandation du sommelier
Portal PORTUS CALLE 2010
Douro | Disponible au Portus Calle

Côte de bœuf au sel et aux échalotes confites

Costeleta de vaca no sal e cebolinhas confitadas

4 portions
Préparation : 1 h
Cuisson : 1 h 15

INGRÉDIENTS

1 côte de bœuf de 3 lb (1,5 kg)

2 c. à table (30 ml) d'huile d'olive

2 brins de thym, effeuillés

2 brins de romarin, ciselés

20 échalotes

2 c. à table (30 ml) de beurre salé

1 c. à thé (5 ml) de sucre

1 c. à table (15 ml) de sel fin

2 c. à table (30 ml) d'eau

2 c. à table (30 ml) de vin rouge corsé

3 c. à table (45 ml) de vinaigre de xérès

1 tasse (250 ml) de gros sel marin

Fleur de sel et poivre du moulin

PRÉPARATION

Sortir la côte de bœuf du réfrigérateur 1 heure à l'avance. Dans un bol, mélanger l'huile d'olive, le thym, le romarin et un peu de poivre. Badigeonner la viande sur toutes les faces et laisser mariner 1 heure au réfrigérateur.

Éplucher les échalotes et les mettre dans une sauteuse à feu moyen avec le beurre, le sucre, le sel fin, le poivre et l'eau. Cuire 10 minutes, ajouter le vin et le vinaigre et continuer la cuisson à feu doux environ 30 minutes, jusqu'à ce que le liquide se soit évaporé et que les échalotes soient tendres et luisantes.

Pendant ce temps, préchauffer le four à 350°F (180°C). Dans un grand plat de cuisson, étaler une couche de gros sel et poser la côte de bœuf au centre. Cuire 15 minutes, retourner la viande et poursuivre la cuisson 20 minutes de plus.

Sortir la viande du four et la mettre dans une assiette préchauffée. Couvrir de papier d'aluminium et laisser reposer 5 minutes. Saupoudrer de fleur de sel et servir avec les échalotes confites.

La recommandation du sommelier
Herdade do Peso VINHA DO MONTE 2009
Alentejano | SAQ 501486

Bouts de côtes de bœuf à la bière Sagres

Costela de vaca com cerveja Sagres

PRÉPARATION

Saler et poivrer la viande au goût. Dans un poêlon, chauffer le saindoux à feu vif et faire dorer la viande des deux côtés. Déposer la viande dans un plat de cuisson. Déglacer le poêlon avec 1 bière et réserver.

Préchauffer le four à 300°F (150°C).

Mettre les gousses d'ail, le romarin et le laurier dans le plat contenant la viande. Mouiller avec l'autre bière et ajouter la pâte de tomates et le persil. Couvrir de papier d'aluminium et cuire au four environ 3 heures, jusqu'à ce que la viande s'effiloche facilement. Sortir le plat du four et laisser reposer environ 15 minutes.

Pendant ce temps, dans une petite casserole placée à feu doux, faire réduire de moitié les sucs de cuisson réservés jusqu'à l'obtention d'une sauce épaisse. Rectifier l'assaisonnement.

Verser la sauce sur la viande et servir très chaud avec des légumes-racines ou des poivrons grillés (recette page 64).

INGRÉDIENTS

4 lb (2 kg) de bouts de côtes de bœuf

3 c. à table (45 ml) de saindoux ou d'huile d'olive

2 bières Sagres (ou autre bière blonde) de 12 oz (330 ml)

1 tête d'ail (séparer les gousses non épluchées)

3 brins de romarin

3 feuilles de laurier

2 c. à table (30 ml) de pâte de tomates

Persil frais, haché

Sel et poivre du moulin

La recommandation du sommelier
QUINTA DOS CARVALHAIS 2005
Unico | SAQ 11075841

Carrés d'agneau en croûte de noix

4 portions
Préparation: 10 min
Cuisson: 20 min

Sela de borrego com pinhões e pistachos

INGRÉDIENTS

1 ½ tasse (375 ml) de noix de pin et de pistaches hachées et mélangées

1 c. à table (15 ml) d'huile d'olive

2 carrés d'agneau

Le jus de 1 lime

¾ tasse (180 ml) de farine

2 œufs, battus

Sel et poivre

PRÉPARATION

Dans un petit bol, remuer le mélange de noix de pin et de pistaches avec l'huile d'olive.

Faire mariner la viande dans le jus de lime, le sel et le poivre pendant 1 heure au réfrigérateur.

Préchauffer le four à 400°F (200°C).

Fariner la viande, la passer dans les œufs battus, puis dans le mélange de noix. Cuire au four de 15 à 20 minutes sur une plaque à bords élevés. Servir avec la mousse de fromage de chèvre au concombre (recette page 133).

La recommandation du sommelier
QUINTA DOS CARVALHAIS 2005
Unico | SAQ 11075841

Mini-brochettes d'agneau

Espetadas de Borrego

4 portions

Préparation : 40 min

Cuisson : 10 min

INGRÉDIENTS

1 lb 5 oz (600 g) d'épaule d'agneau désossée

4 c. à table (60 ml) de jus de citron

4 c. à table (60 ml) d'huile d'olive

2 gousses d'ail

1 brin de romarin, ciselé

1 brin de thym, effeuillé

1 brin d'origan frais, ciselé

2 citrons confits

Quelques gouttes de piri-piri, au goût
  (recette page 130)

Sel et poivre

8 petites brochettes en bois

PRÉPARATION

Couper l'agneau en 32 cubes de ½ po (1 cm) en prenant soin d'éliminer les filaments de gras.

Dans un saladier, mélanger le jus de citron, l'huile d'olive, l'ail, le romarin, le thym et l'origan et assaisonner au goût avec du sel, du poivre et du piri-piri. Ajouter la viande et mélanger pour bien l'imprégner de marinade. Couvrir et laisser mariner 1 heure au réfrigérateur.

Pendant ce temps, allumer le barbecue.

Couper les citrons confits en 16 morceaux en éliminant les pépins (sans les presser). Sur chaque brochette, enfiler 4 cubes d'agneau et 2 morceaux de citron confit. Faire griller 5 minutes de chaque côté. Servir les brochettes chaudes, accompagnées d'un plat de légumes de saison.

La recommandation du sommelier
Sogrape RESERVA 2008
Douro | SAQ 11325741

Jarrets d'agneau braisés

Pernil de cordeiro assado no forno

PRÉPARATION

Dans un bol, mélanger tous les ingrédients qui composent la marinade. Faire mariner les jarrets d'agneau au réfrigérateur de 4 à 6 heures.

Retirer la viande de la marinade et réserver celle-ci. Préchauffer le four à 350°F (180°C).

Dans une cocotte allant au four, chauffer 5 c. à table (75 ml) d'huile d'olive à feu vif et saisir les jarrets sur toutes les faces. Ajouter la marinade réservée et cuire quelques minutes de plus.

En même temps, dans une poêle, faire revenir les oignons et les poivrons dans le reste de l'huile d'olive. Ajouter les tomates et cuire de 3 à 4 minutes. Verser sur la viande et porter à ébullition.

Retirer du feu, couvrir et mettre au four environ 1 heure 30 minutes en prenant soin d'arroser la viande de temps à autre en cours de cuisson.

INGRÉDIENTS

4 jarrets d'agneau

8 c. à table (120 ml) d'huile d'olive

2 oignons, émincés

1 poivron rouge, émincé

1 poivron vert, émincé

2 tomates italiennes, en petits dés

Marinade

3 gousses d'ail, hachées

3 brins de thym

3 feuilles de laurier

1 tasse (250 ml) de vin blanc sec

Quelques gouttes de piri-piri, au goût (recette page 130)

1 c. à table (15 ml) de concentré de poivron rouge portugais, au goût

Sel

La recommandation du sommelier
VILA REGIA 2009
Douro | SAQ 464388

Filet de porc farci, sauce au porto

Lombinho de porco recheado com molho ao porto

PRÉPARATION

Dans un bol, mélanger le fromage, les olives et les tomates séchées. Réserver au froid.

À l'aide d'un couteau bien affûté, couper le filet de porc sur la longueur sans séparer complètement les deux morceaux ainsi obtenus. Ouvrir le filet comme un livre et le placer entre 2 feuilles de pellicule plastique. À l'aide d'un maillet, l'aplatir à ½ po (1 cm) d'épaisseur. Saler et poivrer au goût.

Étendre la farce réservée et les épinards sur toute la longueur du filet en laissant une bordure de ½ po (1 cm) tout autour. Fermer le filet et le ficeler en repliant l'extrémité la plus étroite vers l'intérieur.

Dans une poêle, chauffer l'huile d'olive à feu vif et faire dorer le filet environ 3 minutes de chaque côté. Réserver la viande au four à 250°F (125°C) dans une plaque à bords élevés afin de récupérer les sucs et d'obtenir un goût légèrement caramélisé.

Dans la même poêle, faire revenir l'oignon et l'ail. Déglacer avec le porto et rectifier l'assaisonnement. Laisser réduire de moitié. Sortir la viande du four. Découper en tranches d'environ ¾ po (2 cm) d'épaisseur et napper avec la sauce.

INGRÉDIENTS

1 ⅔ tasse (410 ml) de fromage São Jorge, râpé

8 olives noires, en tranches

½ tasse (125 ml) de tomates séchées, en lanières

1 filet de porc de 1 lb 5 oz (600 g)

1 botte d'épinards, blanchie

4 c. à soupe (60 ml) d'huile d'olive

½ oignon, haché finement

1 gousse d'ail, hachée finement

1 tasse (250 ml) de porto Late Bottle Vintage (LBV)

Sel et poivre

La recommandation du sommelier
Portal PORTUS CALLE 2010
Douro | Disponible au Portus Calle

Porcelet de lait au four à la portugaise

Leitão

4 portions
Préparation : 1 h
Cuisson : 2 h 30

INGRÉDIENTS

1 gros porcelet de lait entier de 11 à 13 lb (5 à 6 kg)

¼ tasse (60 ml) de gros sel

4 oranges, coupées en deux

Environ ½ tasse (125 ml) de vin blanc

Marinade

8 gousses d'ail

2 feuilles de laurier

¼ tasse (60 ml) de vin blanc

¼ tasse (60 ml) d'huile d'olive

¼ tasse (60 ml) de saindoux

2 c. à table (30 ml) de persil frais, haché grossièrement

¼ tasse (60 ml) de sel marin

1 c. à table (15 ml) de poivre

PRÉPARATION

Dans un grand plat profond, couvrir la viande d'eau froide, puis ajouter le gros sel et les oranges. Laisser reposer de 3 à 4 heures au réfrigérateur.

Préchauffer le four à 450°F (230°C).

À l'aide du mélangeur, réduire en purée tous les ingrédients qui composent la marinade. Bien éponger la viande et la badigeonner généreusement de marinade du côté peau.

Cuire la viande au four pendant 2 heures 30 minutes. Pour obtenir une peau bien croustillante et une chair fondante, badigeonner de vin blanc toutes les 20 minutes en cours de cuisson. Servir avec des frites maison et une salade verte.

La recommandation du sommelier
Herdade do Peso COLHEITA 2008
Alentejo | SAQ 10660740

Porc et palourdes à l'alentejana

Carne de porco Alentejana

PRÉPARATION

Dans un saladier, préparer la marinade en mélangeant ½ tasse (125 ml) de vin blanc, l'ail, le laurier, le piri-piri, le sel et le poivre. Couper le filet de porc en petits cubes et laisser mariner 2 heures au réfrigérateur.

Égoutter la viande et jeter la marinade. Dans une sauteuse ou une cataplana, à feu vif, faire rissoler le porc dans l'huile d'olive environ 3 minutes de chaque côté en remuant fréquemment. Retirer la viande et réserver au chaud.

Dans la même sauteuse, frire les pommes de terre et réserver. Faire ensuite revenir l'oignon à feu vif. Déglacer avec le reste du vin blanc, puis ajouter les tomates et les palourdes. Dès que les palourdes sont ouvertes, ajouter la viande et la coriandre. Laisser mijoter de 2 à 3 minutes à feu doux. Servir sur un lit de pommes de terre.

INGRÉDIENTS

1 ½ tasse (375 ml) de vin blanc sec

1 gousses d'ail, hachée

1 feuille de laurier

Quelques gouttes de piri-piri (recette page 130) ou 2 pincées de piment de Cayenne

1 filet de porc de 2 lb (1 kg)

3 c. à table (45 ml) d'huile d'olive

3 pommes de terre Yukon Gold, épluchées et coupées en petits cubes

½ oignon, ciselé

2 tomates, concassées

24 palourdes

½ bouquet de coriandre fraîche, haché

Sel et poivre

La recommandation du sommelier
QUINTA DOS CARVALHAIS 2005
Unico | SAQ 11075841

Râbles de lapin farcis aux olives concassées

4 portions
Préparation : 20 min
Cuisson : 25 min

Sela de coelho recheadas com azeitonas

INGRÉDIENTS

2 râbles de lapin (voir Note)

4 c. à table (60 ml) d'huile d'olive

3 tasses (750 ml) de petits épinards, bien lavés

1 tasse (250 ml) de fromage de chèvre frais

⅓ tasse (80 ml) d'olives noires, dénoyautées et coupées en morceaux

2 ½ tasses (625 ml) de tomates cerises

Sel et poivre du moulin

PRÉPARATION

Dans une poêle, chauffer 1 c. à table (15 ml) d'huile d'olive à feu vif et faire tomber les épinards pendant 5 minutes.

Former 2 boudins de fromage de chèvre de la longueur des râbles. Étaler les râbles à plat, saler, poivrer, puis répartir les épinards, les boudins de fromage, les olives et les rognons de lapin entiers sur le dessus. Rouler les râbles en prenant soin de bien enfermer la garniture et ficeler bien serré.

Dans une sauteuse, faire chauffer le reste de l'huile d'olive à feu doux et faire colorer les râbles 15 minutes. À mi-cuisson, les retourner et ajouter les tomates cerises. Rectifier l'assaisonnement. Une fois la cuisson terminée, couvrir et laisser reposer 5 minutes.

Retirer la ficelle et découper les râbles en fines tranches. Napper avec les jus de cuisson et servir.

Note : Au moment d'acheter les râbles de lapin, demander au boucher de les désosser en laissant les filets attachés. Réserver les rognons après les avoir coupés en deux.

La recommandation du sommelier
Casa Ferreirinha RESERVA ESPECIAL 2003
Douro | SAQ 865337

Lapin chasseur

Coelho a caçador

PRÉPARATION

Assaisonner les morceaux de lapin avec le sel, le poivre et le jus de citron. Dans un poêlon, chauffer l'huile d'olive à feu vif et faire dorer la viande. Réserver.

Dans le même poêlon, faire revenir l'oignon, les lardons et les champignons. Lorsque l'oignon est translucide, ajouter les tomates et déglacer avec le vin rouge. Verser le bouillon de poulet, puis incorporer le concentré de poivron et le thym.

Mettre la viande dans le poêlon et rectifier l'assaisonnement. Couvrir et laisser mijoter à feu doux pendant 1 heure. Servir avec une purée de pommes de terre.

INGRÉDIENTS

1 lapin, coupé en morceaux

2 c. à table (30 ml) de jus de citron

6 c. à table (90 ml) d'huile d'olive

1 oignon, ciselé

½ tasse (125 ml) de lardons

3 ½ oz (100 g) de pleurotes, coupés grossièrement

2 tasses (500 ml) de tomates mûres, en petits dés

1 tasse (250 ml) de vin rouge

1 tasse (250 ml) de bouillon de poulet

2 c. à table (30 ml) de concentré de poivron rouge portugais

2 brins de thym

Sel et poivre

La recommandation du sommelier
Casa Ferreirinha VINHA GRANDE 2010
Douro | SAQ 10838878

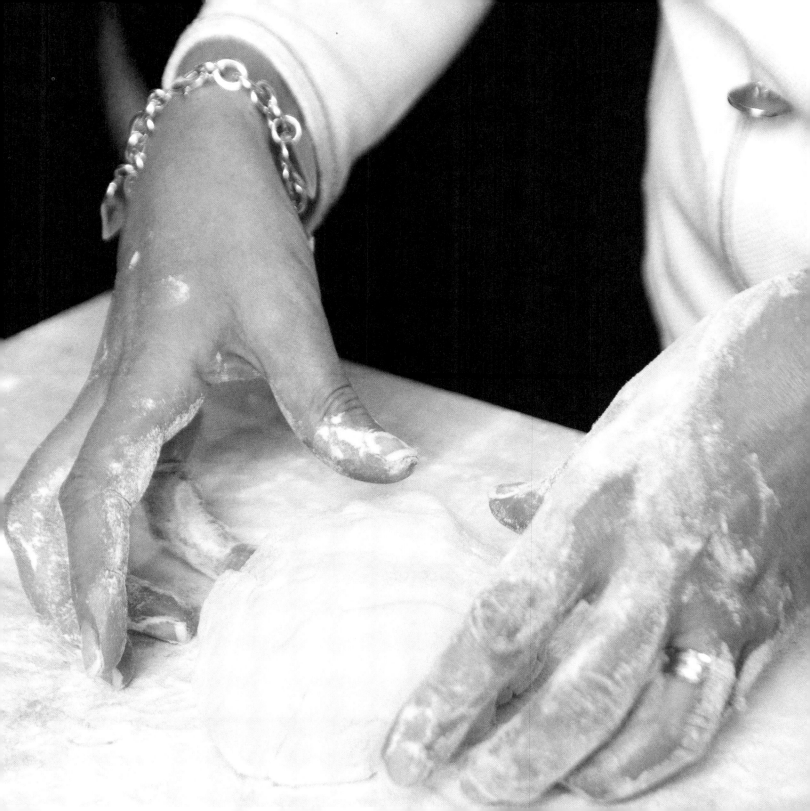

Les joyeux
à-côtés

Dos cheiros o pão, e dos sabores o sal

Piri-piri

Piri piri

4 portions
Préparation : 5 min
Cuisson : 5 min

INGRÉDIENTS

2 lb (1 kg) de piments oiseaux

6 citrons

5 c. à table (75 ml) de sel marin

PRÉPARATION

Mettre des gants pour équeuter et manipuler les piments sans se brûler.

Presser les citrons et retirer tous les pépins du jus. Porter le jus à ébullition et ajouter les piments et le sel. Cuire 5 minutes à feu doux.

À l'aide du mélangeur, réduire la préparation en purée. Verser le piri-piri dans des bocaux et fermer hermétiquement. Il se conservera jusqu'à 1 an au réfrigérateur.

Aïoli

Aïoli

INGRÉDIENTS

2 jaunes d'œufs

4 gousses d'ail, rôties (voir méthode à l'étape 1 de la recette suivante)

4 c. à table (60 ml) de jus de citron

Quelques gouttes de piri-piri, au goût (recette page 130)

½ tasse (125 ml) d'huile d'olive vierge extra

Sel et poivre

4 portions

Préparation : 10 min

Cuisson : aucune

PRÉPARATION

À l'aide du robot culinaire, mélanger les jaunes d'œufs, l'ail, le jus de citron et le piri-piri. Tandis que l'appareil est toujours en marche, incorporer l'huile d'olive en filet jusqu'à l'obtention d'une mayonnaise épaisse. Saler et poivrer au goût.

Sauce au yogourt et à l'ail rôti

Molho de iogurte com alho assado

INGRÉDIENTS

1 tête d'ail entière (ne pas séparer les gousses)

2 c. à table (30 ml) d'huile d'olive vierge extra

1 tasse (250 ml) de yogourt nature méditerranéen

2 c. à table (30 ml) de vinaigre de vin blanc

Fleur de sel et poivre

4 portions

Préparation : 15 min

Cuisson : 20 min

PRÉPARATION

Poser la tête d'ail sur une feuille de papier d'aluminium et verser l'huile d'olive sur le dessus. Bien refermer en papillote et faire rôtir dans le four préchauffé à 350°F (180°F) environ 20 minutes.

Éplucher les gousses d'ail et les écraser dans un mortier à l'aide d'un pilon. Mélanger avec le reste des ingrédients.

Mousse de fromage de chèvre au concombre

Mousse de queijo de cabra com pepino e hortelã

PRÉPARATION

À l'aide du mélangeur, mixer le fromage de chèvre, le concombre, l'huile d'olive, le vinaigre, le sel et le poivre. Ajouter l'échalote et la menthe à l'aide d'une fourchette. Verser dans un bol et décorer avec la feuille de menthe réservée.

INGRÉDIENTS

⅔ tasse (160 ml) de fromage de chèvre mou

1 concombre, en gros morceaux

3 c. à table (45 ml) d'huile d'olive

3 c. à table (45 ml) de vinaigre balsamique

1 échalote, ciselée

½ botte de menthe, ciselée finement
  (réserver une feuille entière)

Sel et poivre

Fromage frais maison

Queijo fresco

PRÉPARATION

Mélanger le lait et la présure. Faire tiédir à 86°F (30°C) au bain-marie et laisser reposer 20 minutes.

Remuer doucement pendant quelques minutes, jusqu'à ce que le sel se sépare et que la préparation épaississe. Laisser égoutter dans un tamis fin posé au-dessus d'un bol.

Mouler le fromage dans des petits emporte-pièces métalliques qui lui donneront sa forme définitive. Saler des deux côtés et laisser reposer au réfrigérateur pendant 24 heures.

Note : On trouve de la présure Coalho em Po en petit contenant de 20 g dans les épiceries portugaises.

INGRÉDIENTS

16 tasses (4 litres) de lait pasteurisé (lait de chèvre de préférence)

1 pot de présure de 20 g (voir Note)

Sel marin

Panade d'asperges

Açorda de broa com espargos

4 portions
Préparation : 20 min
Cuisson : 10 min

INGRÉDIENTS

7 oz (200 g) d'asperges vertes fraîches

**6 tranches de pain de maïs, en petits dés
(recette page 141)**

6 c. à table (90 ml) d'huile d'olive vierge extra

4 gousses d'ail, hachées finement

⅓ tasse (80 ml) de tomates séchées, en lanières

2 jaunes d'œufs

2 c. à table (30 ml) de coriandre fraîche, ciselée

Fleur de sel et poivre noir

PRÉPARATION

Faire bouillir de l'eau dans une casserole. Blanchir les asperges 2 minutes et les refroidir dans un bol d'eau glacée. Réserver l'eau de cuisson. Égoutter et hacher les asperges.

Dans un bol, faire tremper le pain quelques secondes dans un peu de l'eau de cuisson réservée. Presser le pain afin de le débarrasser du surplus d'eau.

Dans une poêle, chauffer l'huile d'olive et faire revenir l'ail jusqu'à ce qu'il soit doré. Ajouter le pain, les tomates séchées et les asperges. Cuire de 6 à 7 minutes et ajouter de l'eau de cuisson réservée au besoin. Lier avec les jaunes d'œufs jusqu'à ce que la panade ait la consistance d'une purée de pommes de terre. Saler et poivrer au goût et garnir avec la coriandre fraîche.

La recommandation du sommelier
Casa Ferreirinha VINHA GRANDE 2008
Douro | SAQ 865329

Crème de petits pois verts

Creme de ervilhas

PRÉPARATION

Dans un poêlon, chauffer l'huile d'olive et faire revenir l'oignon, l'ail et le laurier. Ajouter les petits pois et cuire à feu moyen 3 minutes. Ajouter juste assez d'eau pour couvrir. Saler et cuire jusqu'à ce que l'eau se soit évaporée afin de bien concentrer les saveurs. Retirer la feuille de laurier et réduire en purée lisse à l'aide du robot culinaire.

Dans une petite casserole, porter la crème à ébullition. Ajouter le prosciutto et laisser réduire de moitié. Mélanger avec la purée de petits pois et servir avec la raie poêlée (recette page 79). Décorer avec des chips de prosciutto (recette page 63).

INGRÉDIENTS

2 c. à table (30 ml) d'huile d'olive

1 petit oignon, haché

2 gousses d'ail, hachées

1 feuille de laurier

2 tasses (500 ml) de petits pois verts

7 c. à table (105 ml) de crème à cuisson 35 %

⅔ tasse (160 ml) de prosciutto, en petits dés

Fleur de sel

L'huile d'olive, trésor de la cuisine méditerranéenne

L'huile d'olive est l'ingrédient végétal le plus représentatif de la cuisine méditerranéenne. La culture de l'olivier est très prolifique au Portugal à cause de conditions climatiques très favorables. Ce pays, où la cueillette dure de l'automne à février, est d'ailleurs l'un des principaux producteurs au monde. Comme le vin, l'huile d'olive prend une couleur et un goûts particuliers selon le climat et la qualité des sols.

Pour faire les huiles portugaises les plus réputées, on utilise les olives Galega, Cordovil, Verdeal, Lentisca et Transmontana. J'aime tout particulièrement l'huile Pia do Urso, obtenue à partir d'un mélange d'olives Galega, Lentisca et Cordovil, que je fais venir au Québec en importation privée. D'excellente qualité, elle est légèrement épaisse, fruitée et dotée d'une légère pointe d'acidité. Ce sont les sols calcaires et le climat sec et venteux de la région de Ribatejo qui donnent cette huile d'olive mûre de basse température. Je la sers crue dans tous les plats typiques de la région.

Ratatouille

Ratatouille de grão de bico ❦

PRÉPARATION

Dans une casserole à fond épais, chauffer l'huile d'olive à feu moyen. Faire revenir l'ail et les oignons de 3 à 4 minutes. Ajouter les aubergines, les courgettes et les poivrons. Cuire environ 5 minutes. Ajouter du vin blanc au besoin. Incorporer les tomates et les pois chiches. Assaisonner au goût avec le persil, le laurier, le piri-piri et la fleur de sel.

INGRÉDIENTS

6 c. à table (90 ml) d'huile d'olive vierge extra

2 gousses d'ail, coupées finement

1 ½ tasse (375 ml) d'oignons rouges, en cubes

1 tasse (250 ml) d'aubergines, en cubes

1 tasse (250 ml) de courgettes, en cubes

¾ tasse (180 ml) de poivrons rouges, pelés et coupés en cubes

¾ tasse (180 ml) de poivrons jaunes, pelés et coupés en cubes

Environ ½ tasse (125 ml) de vin blanc

1 ½ tasse (375 ml) de tomates, en cubes

½ tasse (125 ml) de pois chiches, cuits

2 c. à table (30 ml) de persil frais, haché

1 feuille de laurier fraîche

Quelques gouttes de piri-piri, au goût (recette page 130)

Fleur de sel

Pains de maïs

Broa de milho amarelo

PRÉPARATION

Dans un grand bol, mélanger 6 tasses (1,5 litre) d'eau et la farine de blé. Ajouter la farine de maïs, la semoule, le beurre et le sel et mélanger en ajoutant graduellement le reste de l'eau jusqu'à l'obtention d'une pâte uniforme et lisse. Former une boule et laisser reposer 45 minutes dans un bol recouvert d'un linge propre.

Sur une surface farinée, étendre la pâte à plat avec les mains et laisser reposer 30 minutes.

Préchauffer le four à 425°F (220°C).

Former 16 boules et les ranger au fur et à mesure sur une plaque à pâtisserie. Cuire au four 45 minutes. Servir chaud ou froid, au goût.

INGRÉDIENTS

8 tasses (2 litres) d'eau

12 ½ tasses (3,12 litres) de farine de blé tout usage

3 ¾ tasses (930 ml) de farine de maïs

3 tasses (750 ml) de semoule de maïs jaune

¼ tasse (60 ml) de beurre

¼ tasse (60 ml) de sel

Tapenade d'olives noires

Tapenade de azeitonas pretas

4 portions
Préparation : 10 min
Cuisson : aucune

INGRÉDIENTS

1 boîte de sardines en conserve

2 tasses (500 ml) d'olives noires, dénoyautées

2 c. à table (30 ml) de câpres

2 c. à table (30 ml) d'huile d'olive

2 c. à table (30 ml) de porto Late Bottle Vintage (LBV)

PRÉPARATION

Sur une planche, écraser les sardines et les olives à l'aide d'une fourchette afin d'obtenir une purée. Mélanger tous les ingrédients dans un saladier jusqu'à l'obtention d'une crème lisse.

Cette tapenade se conserve 1 semaine dans un contenant hermétique gardé au réfrigérateur.

Coulis de tomate

4 portions
Préparation: 10 min
Cuisson: 20 min

Molho de tomate

INGRÉDIENTS

2 lb (1 kg) de tomates, en morceaux

2 oignons rouges, émincés

2 gousses d'ail, écrasées

⅔ tasse (160 ml) d'eau

2 feuilles de laurier

8 brins de coriandre, ciselés

Sel et poivre

PRÉPARATION

Dans une cocotte, mélanger les tomates, les oignons, l'ail, l'eau et le laurier. Saler et poivrer au goût. Laisser frémir 20 minutes en remuant fréquemment. Retirer les feuilles de laurier et passer le coulis au tamis fin. Parfumer avec la coriandre.

Tomates confites

4 portions
Préparation: 5 min
Cuisson: 2 h

Tomates confitados

INGRÉDIENTS

6 tomates moyennes

1 c. à table (15 ml) d'huile d'olive

Fleur de sel et poivre, au goût

1 c. à thé (5 ml) de sucre de canne

2 brins d'origan frais, émiettés

PRÉPARATION

Préchauffer le four à 120°F (50°C).

Couper les tomates sur la longueur et les ranger sur une plaque de cuisson tapissée de papier parchemin, face coupée vers le haut. Arroser avec l'huile d'olive et saupoudrer de fleur de sel, de poivre, de sucre et d'origan. Laisser confire au four environ 2 heures. Ces tomates sont délicieuses dans les risottos.

Riz aux tomates

Arroz de tomate

PRÉPARATION

Dans une casserole, faire fondre le beurre à feu moyen et faire revenir l'oignon environ 2 minutes. Ajouter le riz et remuer.

Lorsque le beurre prend coloration, verser l'eau et porter à ébullition. Ajouter les tomates, puis saler et poivrer au goût. Couvrir et cuire 10 minutes à feu doux.

INGRÉDIENTS

1 c. à table (15 ml) de beurre salé

1 oignon moyen, ciselé

1 ¼ tasse (310 ml) de riz arborio, lavé

3 tasses (750 ml) d'eau

2 tomates mûres, en dés

Sel marin et poivre

Riz à l'encre de seiche

Arroz com tinta de chocos

PRÉPARATION

Dans une casserole, chauffer l'huile d'olive à feu vif et faire revenir l'oignon, l'ail et le persil. Lorsque l'oignon est translucide, verser le bouillon et porter à ébullition.

Incorporer le riz et l'encre de seiche et laisser mijoter environ 10 minutes en remuant fréquemment. Ajouter le beurre et mélanger. Saler et poivrer, au goût. Éteindre le feu et laisser reposer 5 minutes avant de servir.

INGRÉDIENTS

2 c. à table (30 ml) d'huile d'olive

1 oignon, haché

1 gousse d'ail, hachée

1 botte de persil, ciselée

4 tasses (1 litre) de bouillon de poulet

2 tasses (500 ml) de riz

2 c. à table (30 ml) d'encre de seiche (demander au poissonnier)

1 c. à table (15 ml) de beurre

Sel et poivre

Confiture de tomate

Doce de tomate

PRÉPARATION

Plonger les tomates de 1 à 2 minutes dans une casserole d'eau bouillante afin de pouvoir les peler plus facilement. Peler et épépiner les tomates avec soin. Les presser légèrement et les laisser égoutter afin d'extraire le plus d'eau possible.

Dans une casserole, mélanger les tomates, le sucre, le zeste de citron et le bâton de cannelle. Laisser mijoter à feu très doux pendant 3 heures, jusqu'à ce que la préparation ait la consistance d'une confiture, en écumant de temps à autre la mousse qui se forme à la surface.

Mettre la confiture dans des bocaux et fermer hermétiquement. Elle se conservera jusqu'à 1 an, comme toute autre confiture.

INGRÉDIENTS

2 lb (1 kg) de tomates (italiennes de préférence)

3 tasses (750 ml) de sucre

Le zeste d'un citron

1 bâton de cannelle

Les tentations
de la fin

Come mais os olhos do que a barriga

Figues au chocolat

Figos algarvios

PRÉPARATION

Dans une casserole, porter la crème à ébullition et ajouter le chocolat. Retirer du feu et remuer doucement jusqu'à ce que le chocolat soit fondu. Réserver la ganache.

Avec les doigts, redonner aux figues leur forme naturelle et, à l'aide d'un couteau bien affûté, pratiquer une petite incision sur le dessus. À l'aide d'une poche à douille, farcir les figues de ganache au chocolat tiède.

Au moment de servir, passer les figues de 2 à 3 minutes au four préchauffé à 200°F (95°C) afin de tiédir le chocolat.

INGRÉDIENTS

½ tasse (125 ml) de crème à fouetter 35 %

1 tasse (250 ml) de pastilles de chocolat 75 %

12 figues sèches (très grosses de préférence)

La recommandation du sommelier
Ferreira VINTAGE 2007
Porto | SAQ 718411

Crème du paradis

Natas do céu

INGRÉDIENTS

Sirop de jaunes d'œufs

5 jaunes d'œufs

½ tasse (125 ml) d'eau

¾ tasse (180 ml) de sucre

Crème du paradis

2 tasses (500 ml) de crème à fouetter 35 %

⅓ tasse (80 ml) de sucre

5 blancs d'œufs

20 biscuits Marie ou Graham, émiettés

PRÉPARATION

Sirop de jaunes d'œufs : Mettre les jaunes d'œufs dans un grand bol. Dans une casserole moyenne, porter l'eau et le sucre à ébullition et cuire environ 4 minutes à feu doux sans remuer. Verser sur les jaunes d'œufs en fouettant vigoureusement et remettre dans la casserole. Cuire à feu doux, sans faire bouillir, à peine 2 minutes, jusqu'à ce que la préparation épaississe. Verser dans un bol et laisser refroidir au réfrigérateur.

Crème du paradis : Dans un bol, fouetter la crème avec le sucre jusqu'à ce qu'elle soit ferme sans être trop serrée. Réserver.

Dans un grand bol, monter les blancs d'œufs en neige jusqu'à l'obtention de pics fermes. Incorporer la crème fouettée aux blancs en neige.

Montage : Dans des verres ou dans un grand bol, faire alterner les biscuits et la crème du paradis en terminant avec la crème du paradis. Réfrigérer de 2 à 4 heures ou, mieux encore, toute la nuit. Au moment de servir, napper avec le sirop de jaunes d'œufs.

La recommandation du sommelier
Ferreira QUINTA DO PORTO 10 Years Old
SAQ 82115

Noix caramélisées au sirop d'érable

Nozes em calda d'érable

4 portions
Préparation : 10 min
Cuisson : 20 min

INGRÉDIENTS

7 tasses (1,75 litre) de noix de Grenoble ou de pacanes

1 tasse (250 ml) de sirop d'érable

PRÉPARATION

Dans une poêle, à feu doux, cuire les noix avec le sirop d'érable pendant 5 minutes.

Préchauffer le four à 350°F (180°C).

Étaler le mélange sur une plaque à pâtisserie tapissée de papier parchemin. Cuire au four environ 15 minutes en remuant toutes les 5 minutes. Sortir la plaque du four et laisser les noix se cristalliser avant de servir.

Tangerines en sirop

Tangerinas em xarope

4 portions
Préparation : 7 min
Cuisson : 20 min

INGRÉDIENTS

16 petites tangerines sans pépins

1 tasse (250 ml) d'eau

1⅛ tasse (280 ml) de sucre

Le zeste d'une orange, râpé

PRÉPARATION

Éplucher les tangerines et réserver.

Dans une casserole, faire bouillir l'eau et le sucre pendant 15 minutes. Ajouter les tangerines et le zeste d'orange et cuire environ 2 minutes. Laisser reposer les fruits dans le sirop et conserver au réfrigérateur jusqu'au moment de servir.

La recommandation du sommelier
Quinta dos Carvalhais 2005
Unico | SAQ 11075841

Crème brûlée

Leite-creme

PRÉPARATION

Dans un bol, mélanger le sucre, la fécule de maïs et les jaunes d'œufs.

Préchauffer le four à 200°F (95°C).

Dans une casserole, porter le lait à ébullition avec le bâton de cannelle et le zeste de citron. Jeter le bâton de cannelle. Joindre les deux mélanges et mettre la casserole dans une lèchefrite. Verser de l'eau dans la lèchefrite jusqu'à la mi-hauteur de la casserole. Cuire au four 5 minutes pour obtenir une crème lisse.

Répartir la préparation dans des petites tasses individuelles et réfrigérer au moins 1 heure. Au moment de servir, saupoudrer de sucre vanillé et faire caraméliser à l'aide d'un chalumeau ou d'un fer à crème brûlée. Décorer de petits fruits des champs.

INGRÉDIENTS

1 ¾ tasse (430 ml) de sucre

3 c. à table (45 ml) de fécule de maïs

10 jaunes d'œufs

6 tasses (1,5 litre) de lait

1 bâton de cannelle

Le zeste d'un citron

Sucre vanillé

Petits fruits des champs, au goût

Poires au porto

Pêras bêbadas ao porto

INGRÉDIENTS

8 poires pas trop mûres

1 bouteille de porto Late Bottle Vintage (LBV)

1 ⅛ tasse (280 ml) de sucre

1 bâton de cannelle

Le zeste de 2 citrons

PRÉPARATION

Peler les poires et les évider à l'aide d'une cuillère parisienne.

Mettre les poires debout dans une grande casserole profonde. Ajouter tous les autres ingrédients et cuire à feu doux environ 30 minutes.

Servir les poires froides, accompagnées d'un sorbet.

La recommandation du sommelier
Ferreira DONA ANTÓNIA RESERVA
Porto | SAQ 865311

Sauce au caramel

Créme de caramelo

INGRÉDIENTS

1 tasse (250 ml) de sucre

½ tasse (125 ml) de crème 35%, chauffée légèrement

2 c. à table (30 ml) de beurre

PRÉPARATION

Dans une casserole, faire fondre le sucre en remuant un peu à l'aide d'une cuillère en bois et cuire jusqu'à ce que le caramel ait l'amertume voulue. Arrêter la cuisson en ajoutant la crème chaude. Ajouter le beurre et porter à ébullition jusqu'à ce que la sauce soit parfaitement lisse.

Fondant au caramel

Fondant com caramelo

PRÉPARATION

Dans un bain-marie, faire liquéfier la sauce au caramel et le beurre à feu moyen.

Pendant ce temps, dans un grand bol, battre le sucre avec les œufs. Verser la sauce au caramel et bien mélanger. Incorporer la farine peu à peu.

Préchauffer le four à 400°F (200°C).

Verser la préparation dans un moule à muffins beurré et fariné. Cuire au four environ 10 minutes (le centre doit rester coulant). Servir immédiatement.

INGRÉDIENTS

2 tasses (500 ml) de sauce au caramel (recette page 158)

1 ½ tasse (375 ml) de beurre

1 ½ tasse (375 ml) de sucre

10 œufs

2 tasses (500 ml) de farine, tamisée

La recommandation du sommelier
Ferreira DONA ANTÓNIA RESERVA
Porto | SAQ 865311

Tarte à la courge spaghetti

Chila de abóbora

4 portions
Préparation: 12 min
Cuisson: 1 h 55

PRÉPARATION

Confiture de courge spaghetti : Préchauffer le four à 350°F (180°C). Couper la courge en deux sur la longueur, retirer les pépins et déposer sur une plaque, face coupée vers le fond. Cuire de 35 à 40 minutes. Retirer délicatement la chair à l'aide d'une fourchette et la mettre dans une casserole avec le sucre et la cannelle. Cuire à feu doux environ 45 minutes.

Tarte : Préchauffer le four à 350°F (180°C). Dans un grand bol, battre les jaunes d'œufs.

Dans une casserole, faire bouillir l'eau et le sucre pendant 5 minutes. Incorporer les amandes et laisser bouillir 3 minutes. Retirer du feu et ajouter les jaunes d'œufs en remuant sans cesse. Ajouter ½ tasse (125 ml) de confiture de courge spaghetti et mélanger jusqu'à consistance lisse.

Beurrer un moule à tarte de 8 po (20 cm) (voir Note). Tapisser le fond de papier parchemin, beurrer de nouveau et fariner. Verser la préparation dans le moule et cuire au four 20 minutes.

Sortir la tarte du four et saupoudrer de sucre glace. Servir chaud ou froid.

INGRÉDIENTS

Confiture de courge spaghetti

1 courge spaghetti, cuite (environ 3 tasses/750 ml)

1 ½ tasse (375 ml) de sucre

1 bâton de cannelle

Tarte

12 jaunes d'œufs

1 tasse (250 ml) d'eau

1 ½ tasse (375 ml) de sucre

2 ½ tasses (625 ml) d'amandes broyées

Beurre (pour le moule)

⅓ tasse (80 ml) de farine (pour le moule)

Sucre glace

Note : On peut aussi faire des tartelettes individuelles et réduire légèrement le temps de cuisson.

La recommandation du sommelier
Ferreira VINTAGE 2007
Porto | SAQ 718411

Éclairs à la crème mascarpone

Eclairs com queijo mascarpone

4 portions
Préparation : 10 min
Cuisson : 8 min

INGRÉDIENTS

Pâte à choux

2 tasses (500 ml) d'eau

2 tasses (500 ml) de lait

2 tasses (500 ml) de beurre

1 c. à table (15 ml) de sel

2 c. à table (30 ml) de sucre

3 tasses (750 ml) de farine

12 œufs

Crème mascarpone

1 tasse (250 ml) de mascarpone

⅓ tasse (80 ml) de sucre glace

Sauce au caramel (recette page 158)

PRÉPARATION

Pâte à choux : Dans une grande casserole, porter à ébullition l'eau, le lait, le beurre, le sel et le sucre. Ajouter la farine d'un trait et mélanger. Retirer du feu et, à l'aide d'un batteur sur socle muni d'une palette, incorporer les œufs un à un.

Crème mascarpone : À l'aide d'un fouet, battre le mascarpone avec le sucre glace jusqu'à ce que le mélange soit très aéré.

Préchauffer le four à 325°F (160°C).

À l'aide d'une poche à douille, étaler la pâte à choux sur une plaque à pâtisserie en lui donnant la forme de petits éclairs. Cuire au four environ 5 minutes, jusqu'à ce qu'elle soit dorée.

Ouvrir les éclairs en deux, garnir de crème mascarpone et napper de sauce au caramel.

Tartelettes portugaises

Pasteis de nata

4 portions
Préparation : 10 min
Cuisson : 15 min

INGRÉDIENTS

1 lb (500 g) de pâte feuilletée

2 tasses (500 ml) de crème 35 %

8 jaunes d'œufs

2 c. à thé (10 ml) de farine

1 tasse (250 ml) de sucre

1 c. à thé (5 ml) de zeste de citron, râpé

Cannelle moulue, au goût

Petits moules à tartelettes à bord élevé

PRÉPARATION

À l'aide d'un rouleau à pâtisserie, abaisser la pâte le plus finement possible et la rouler pour former un rouleau. Couper le rouleau en morceaux de 1 po (2,5 cm). Placer un morceau de pâte au fond de chaque moule et, avec les doigts légèrement mouillées, faire remonter la pâte pour tapisser uniformément le fond et les parois. Laisser reposer à température ambiante de 4 à 12 heures.

Dans un grand bol, mélanger la crème, les jaunes d'œufs, la farine, le sucre et le zeste de citron. Verser dans une casserole et cuire à feu doux jusqu'au premier bouillon en fouettant sans cesse. Retirer du feu et laisser tiédir.

Préchauffer le four à 450°F (230°C). Verser la crème dans les moules et cuire les tartelettes au four pendant 10 minutes. Saupoudrer de cannelle et servir tiède de préférence. On peut aussi les servir froides.

La recommandation du sommelier
Ferreira DONA ANTÓNIA RESERVA
Tawny Porto | SAQ 865311

Mousse au chocolat noir

Mousse de chocolate preto

PRÉPARATION

Faire monter la crème à fouetter à l'aide d'un batteur sur socle et réserver au réfrigérateur.

Mettre le chocolat dans un grand bol.

Dans une casserole, mélanger le lait, le sucre et les jaunes d'œufs. Cuire de 2 à 3 minutes en remuant sans cesse à l'aide d'un fouet. Lorsque le mélange atteint 185°F (85°C), le faire couler sur le chocolat. Mélanger et laisser refroidir au réfrigérateur.

À l'aide d'un fouet, incorporer la crème fouettée réservée dans la préparation au chocolat en deux fois. Répartir la mousse dans des petits pots et réfrigérer.

Variantes

Mousse au chocolat au lait à base de crème anglaise : Ajouter 2 feuilles de gélatine préalablement trempées dans l'eau froide au mélange de crème anglaise et de chocolat.

Mousse au chocolat blanc à base de crème anglaise : Ajouter 2 feuilles de gélatine préalablement trempées dans l'eau froide au mélange de crème anglaise et de chocolat.

INGRÉDIENTS

1 ¼ tasse (310 ml) de crème à fouetter 35 %

¾ tasse (180 ml) de chocolat noir 75 %

¾ tasse (180 ml) de lait

¼ tasse (60 ml) de sucre

½ tasse (125 ml) de jaunes d'œufs

Beignets portugais

Farturas

4 portions
Préparation : 8 min
Cuisson : 10 min

INGRÉDIENTS

3 ¼ tasses (810 ml) de lait

1 ¼ tasse (310 ml) de beurre

2 c. à table (30 ml) de sucre

2 c. à thé (10 ml) de sel

3 tasses (375 ml) de farine

11 œufs

Sucre glace

Cannelle moulue

Huile végétale (pour la friture)

PRÉPARATION

Dans une casserole, mélanger le lait, le beurre, le sucre et le sel. Porter à ébullition et incorporer la farine d'un trait. Retirer du feu et bien mélanger à l'aide d'un fouet.

Remettre la casserole sur le feu en remuant de 1 à 2 minutes pour dessécher l'appareil. Retirer du feu. À l'aide d'un batteur sur socle, incorporer les œufs un à un jusqu'à l'obtention d'une pâte parfaitement lisse.

Dans la friteuse, chauffer de l'huile végétale à 350°F (180°C). À l'aide d'une poche à douille cannelée, laisser tomber des bandes de pâte dans l'huile chaude. Lorsque les beignets sont dorés, les retirer de l'huile et les saupoudrer au goût de sucre glace et de cannelle.

La recommandation du sommelier
Offley OLD TAWNY PORTO 20 Years Old
SAQ 284224

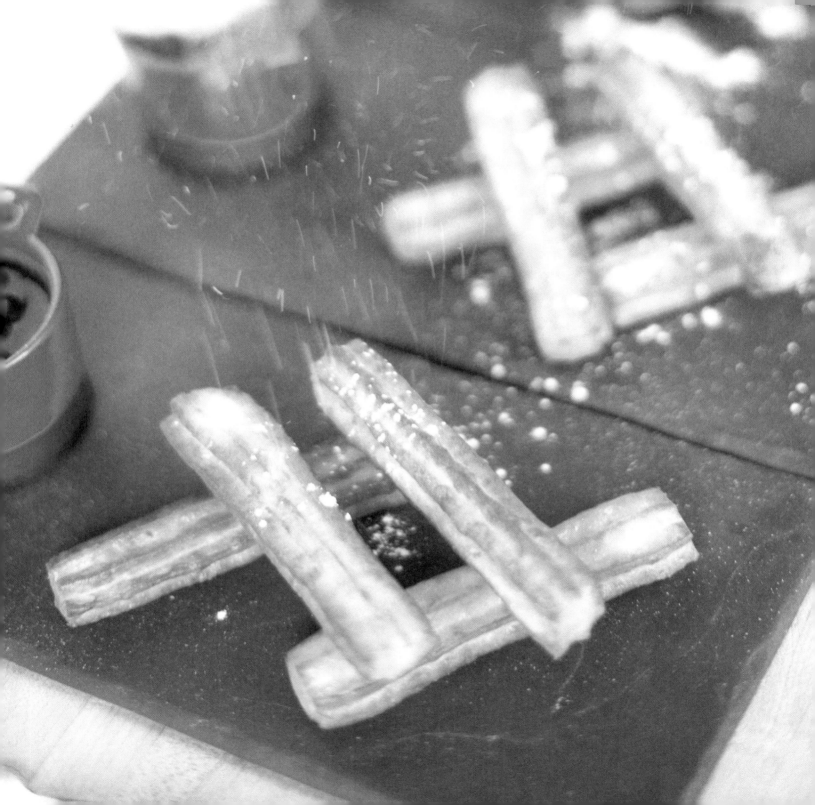

Pêches poêlées au Moscatel de Setúbal

Pêssegos caramelizados com Moscatel de Setúbal

4 portions
Préparation : 10 min
Cuisson : 20 min

INGRÉDIENTS

3 c. à table (45 ml) de beurre

18 pêches pas très mûres

⅔ tasse (160 ml) de sucre glace

¼ tasse (60 ml) d'eau

7 c. à table (105 ml) de Moscatel de Setúbal

1 tasse (250 ml) de mascarpone

1 c. à thé (5 ml) de graines de vanille

Quelques feuilles de menthe fraîche

PRÉPARATION

Dans une poêle à surface antiadhésive, chauffer le beurre à feu moyen et faire revenir les pêches avec ⅓ tasse (80 ml) de sucre glace. Ajouter l'eau et le moscatel et cuire 15 minutes à feu doux en remuant de temps à autre.

Pendant ce temps, à l'aide d'un batteur électrique réglé à vitesse moyenne, battre le mascarpone et la vanille avec le reste du sucre glace. Régler ensuite le batteur à vitesse élevée et continuer de battre jusqu'à formation de pics fermes.

Laisser tiédir les pêches et les répartir dans des coupes à dessert avec leur jus. Napper de mascarpone fouetté et décorer avec la menthe.

La recommandation du sommelier
Offley OLD TAWNY PORTO 20 Years Old
SAQ 284224

Les bonnes adresses

La Vieille Europe
3855, boul. Saint-Laurent
Montréal (Québec) H2W 1X9
514 842-5773

Chouriçor
4031, rue de Bullion
Montréal (Québec) H2W 2E3
514 849-3808

Les anges gourmets pâtisserie-boulangerie
4247, boul. Saint-Laurent
Montréal (Québec) H2W 1Z4
514 281-6947

Ferma Import & Export
2615, place Chassé
Montréal (Québec) H1Y 2C3
514 845-0164

Poissonnerie S Miguel
4804, rue Saint-Urbain
Montréal (Québec) H2T 2W2
514 274-8553

Gaspor
Fermes Saint-Canut (porcelets de lait)
14105, chemin Dupuis
Saint-Canut, Mirabel (Québec) J7N 3H7
450 712-0475

Ferme Jacques et Diane
2395, rue Principale
Saint-Michel-de-Napierville (Québec) J0L 2J0
450 454-9236

Chez Louis
222, Place du Marché-du-Nord
Montréal (Québec) H2S 1A1
514 277-4670

Quincaillerie Azores (cataplanas, plats en terre cuite)
4299, boul. Saint-Laurent H2W 1Z4
Montréal (Québec)
514 845-3543

Remerciements

Je tiens à remercier mes enfants de tout cœur pour leur amour et leur compréhension. Je sais qu'ils apprécient beaucoup mon travail, et leur soutien affectueux est le grand pilier de ma vie.

Un gros merci à mes associés David Barros et Dinis Seara ainsi qu'à toute ma brigade du restaurant Portus Calle pour leur appui et leurs efforts infaillibles au quotidien. J'ai la chance d'avoir une équipe remarquable soudée par des liens de profonde amitié.

Je salue amicalement Mario Joaquim Pires, Elsa, Jessica, Nuno Miguel et Augusta pour leur collaboration fort appréciée.

Merci beaucoup à Daniel Pinard, qui a été le premier à m'inviter à la télévision dans le cadre de son émission *Ciel! mon Pinard*. Je n'oublierai jamais son accueil chaleureux.

Je suis aussi reconnaissante envers l'équipe de l'émission *Des kiwis et des hommes*, particulièrement les animateurs Francis Reddy et Boucar Diouf, ainsi que le coordonnateur Marc Moula. Merci également à tous les créateurs de Radio-Canada qui m'ont souvent accueillie à leur émission. J'ai aussi une pensée spéciale pour Philippe Mollé, qui m'a reçue à son émission *Les marchés de Philippe*.

Une mention particulière pour la maison de vins Sogrape, la famille Guedes et mon grand ami Jorge Guimarães. Je suis aussi reconnaissante envers Antonio Belas et la maison Ferma Import & Export pour tous les produits importés du Portugal.

Mille mercis à Liette Brosseau et François Sybille ainsi qu'à toute l'équipe d'Objectif Média pour leur travail exceptionnel de coordination et de direction artistique.

Toute ma gratitude à Guy Arsenault et à toute l'équipe du Centre de la petite enfance Alexis le Trotteur, qui ont su faciliter mon intégration dans mon beau pays d'accueil avec une gentillesse inoubliable.

Je vous porte tous dans mon cœur à tout jamais.

PORTUS calle
Restaurant & Marisqueira

4281, boul. Saint-Laurent ❧ Montréal (Québec) H2W 1Z4
Tél.: 514 849.2070 ❧ Téléc.: 514 849.0020 ❧ reservation@portuscalle.ca
www.portuscalle.ca

Index

Les Éditions Transcontinental
1100, boul. René-Lévesque Ouest, 24ᵉ étage
Montréal (Québec) H3B 4X9

Téléphone : 514 392-9000 ou 1 800 361-5479
www.livres.transcontinental.ca

Pour connaître nos autres titres, consultez
www.livres.transcontinental.ca.
Pour bénéficier de nos tarifs spéciaux
s'appliquant aux bibliothèques d'entreprise
ou aux achats en gros, informez-vous au
1 866 800-2500 (et faites le 2).

Catalogage avant publication de Bibliothèque
et Archives nationales du Québec
et Bibliothèque et Archives Canada

Loureiro, Helena
Helena : 100 recettes portugaises
Comprend un index.
ISBN 978-2-89472-579-5
1. Cuisine portugaise. I. Titre.
TX723.5.P7L68 2011   641.59469   C2011-941985-8

Coordination éditoriale et révision : Linda Nantel
Direction artistique et conception graphique : François Sybille / Objectif Média
Coordination artistique : Liette Brosseau / Objectif Média
Photographies de la couverture, de l'auteure et des recettes : Brian Ypperciel
Photographies du Portugal et illustrations : iStockphoto
Mise en pages : Pierrette La France, Marc Ségur / Objectif Média
Impression : Transcontinental Interglobe

Imprimé au Canada
© Les Éditions Transcontinental, 2011
Dépôt légal – Bibliothèque et Archives nationales
du Québec, 4ᵉ trimestre 2011
Bibliothèque et Archives Canada

Nous reconnaissons l'aide financière du gouvernement du Canada par l'entremise
du Fonds du livre du Canada pour nos activités d'édition.

Nous remercions également la SODEC de son appui financier
(programmes Aide à l'Édition et Aide à la promotion).

Les Éditions Transcontinental sont membres
de l'Association nationale des éditeurs de livres.

Tableau de la p. 21 : œuvre de Mary de Oliveira

Plats figurant sur la couverture :
Avant
1. Morue à la braz, recette p. 72
2. Riz à la lotte, recette p. 90
3. Tartelettes portugaises, recette p. 164

Arrière
1. Soupe au chou frisé, recette p. 11
2. Pavé de thon aux graines de sésame, recette p. 86
3. Salade de tomates au fromage de chèvre, recette p. 63
4. Mousse au chocolat noir, recette p. 167

L'auteure tient à remercier la maison Sogrape pour son soutien
et son accueil ainsi que la maison Ferma Import & Export pour
la qualité des produits qu'elle importe du Portugal.